LES ÉTATS-UNIS DU VENT

ÉDITIONS LA PEUPLADE
415, rue Racine Est — bureau 201
Chicoutimi (Québec)
Canada G7H 1S8
www.lapeuplade.com

DISTRIBUTION POUR LE CANADA
Diffusion Dimedia

DISTRIBUTION POUR L'EUROPE
Librairie du Québec à Paris (DNM)

DÉPÔTS LÉGAUX
Bibliothèque et Archives
nationales du Québec, 2014
Bibliothèque et Archives
Canada, 2014

ISBN 978-2-923530-72-7
© DANIEL CANTY, 2014
© ÉDITIONS LA PEUPLADE, 2014

.

La Peuplade remercie le Conseil
des Arts du Canada de l'aide
accordée à son programme
de publication, ainsi que la Société
de développement des entreprises
culturelles (SODEC).

La Peuplade reconnaît l'aide
financière du gouvernement
du Canada par l'entremise
du Fonds du livre du Canada
pour ses activités d'édition.

LES ÉTATS-UNIS DU VENT

Daniel Canty

LA PEUPLADE **RÉCIT**

La rose américaine est une rose est une rose est une ville.

Rosetown, USA. Ville rose des vents, oscillant comme l'aiguille d'une boussole, tournant et retournant en harmonie avec les tourbillons, les révolutions de l'air. Ses bâtisseurs, enviant à Chicago son surnom, ont ausculté les blancs de la carte, pour la poser au cœur des prairies, sur un immense plateau d'asphalte pivotant. Rose trône au centre des herbes ondulantes hérissée de gratte-ciel, échevelée de mille antennes et drapeaux, pour qu'aucun de ses habitants n'ignore que le patron des vents à la surface du pays dessine une onde. Autant de directions pour la pensée sauvage.

Par ses seize portes colorées, aussi nombreuses que les directions du vent, la ville avale les courants aériens. Les brins d'herbe des pelouses, les feuilles des arbres tremblotent à l'expectative d'un départ. Au seuil des demeures, le vent cogne aux fenêtres, gonfle le tissu des rideaux comme des mouchoirs d'au revoir. Un beau matin, les signaux s'alignent. Quelqu'un sait, et quelqu'un part. À la recherche de quelque chose qu'il a entrevu en rêve, et qui existe sans doute ailleurs, puisque le monde est vaste, qu'il ignore tout de nous et qu'on n'en sait rien avant de le rejoindre.

La rumeur des moteurs s'élève au fond des cours. Une fréquence étrangère crépite dans les radios. Pour bien la capter, il faudra rejoindre la plaine, chercher l'accord des grands vents. Côte est, côte ouest, prairies, déserts, Appalaches, Rocheuses. Sur la carte naïve de l'Amérique, seul compte l'appel de l'horizon. Voitures de l'année, véhicules usagés ; rouillés ou rutilants, les bolides qui fuient par les seize portes de Rose sont glorieux. Leurs conducteurs n'entendent rien aux noms et au sens du vent. Coupant à travers la sinusoïdale des plaines, le signal des herbes, ils sont les porteurs d'un message unique : qu'ils viennent de nulle part et qu'ils sont heureux de s'y abandonner.

Jours, routes, sommeils. Dans toutes les directions, un rêve américain. Attends. Si tu m'attends, je retrouverai la trace de l'invisible, et sur ton pare-brise, je poserai la rose de personne.

PROLOGUE AU VENT

Montréal et Chicago

Les États-Unis du Vent

J'attends le signal des chercheurs de vent. Il y a dix jours, Patrick et Alexis quittaient Chicago la venteuse. En ce moment précis, nul ne sait où ils sont, si ce n'est eux-mêmes. Le vent n'en souffle pas mot et n'en pense pas plus. Il se contente de les accueillir en ses désordres. Quant à moi, j'ai depuis longtemps accepté d'obéir au plan. Mes bagages sont faits. Demain, je prendrai le relais d'Alexis à une destination encore inconnue. Ce soir, je recevrai un billet électronique pour les États-Unis. Au petit matin, je me rendrai à l'aéroport. Puis je m'abandonnerai, neuf jours durant, à la volonté des airs.

Quelques mois auparavant, j'avais accepté l'invitation de Patrick Beaulieu de participer au projet *Ventury*, *une odyssée transfrontière en poursuite des vents d'Amérique.* J'avais une expérience préalable, ayant accompagné Patrick à travers une *odyssée* précédente, *Vector monarca,* pistant, par voie de terre, les signes physiques et métaphoriques de la migration annuelle des papillons monarques à travers l'Amérique. C'est une histoire d'un autre temps, pour une autre fois. Je serais le deuxième maillon d'un trio d'auteurs, le pivot entre le passage d'Alexis Pernet, architecte paysagiste français, qui n'aurait su concevoir meilleure occasion de se rapprocher des paysages américains, et l'arrivée de

Dominiq « Dauphin » Vincent, écrivain et vieil ami qui avait grand besoin de s'éloigner de son emploi d'administrateur en milieu hospitalier. Patrick, qui est plasticien, conduirait tout au long de cette performance continentale et capterait les images des vents rencontrés, alors que nous trois tiendrions tour à tour le rôle de poètes et de cartographes de bord, consignant chacun un journal de notre expérience du parcours, nourrissant et infléchissant au gré de nos observations le quotidien camionneur.

Le véhicule de l'aventure serait la Blue Rider, un vénérable pick-up Ford Ranger coiffé d'une girouette et muni d'une manche à air rétractable. À son bord, nous nous abandonnerions à une dérive où nous tenterions, tant bien que mal, de conjuguer la configuration terrestre des routes d'Amérique avec la fluidité des courants aériens. Le protocole était limpide : chaque matin, de la fin de l'automne au début de l'hiver, nous hisserions la manche à air, consulterions la boussole, et nous nous lancerions où que le vent le veuille.

Je deviendrais chercheur de vent. Je découvrirais *Les États-Unis du Vent*. J'en ramènerais un livre ailé.

LA LANTERNE VERTE

Partir au vent. S'abandonner à des forces qui me dépassent. Obéir à une raison que la raison ignore. Je sais. Je sais. Mais je suis d'un naturel anxieux et je tente de m'informer.

Nov 21, 2010

André Normand,
I hope you are taking good care of my partners
in velocity.
Perhaps they will run circles around Chicago
and we can meet when I take the relay.
Merci for organizing this!

Daniel[1]

---

[1]   *21 novembre 2010*

André Normand,
J'espère que tu prends bien soin de mes partenaires de vélocité.
Peut-être qu'ils tourneront en rond autour de Chicago
et que nous pourrons nous revoir quand je prendrai le relais.
Thank you d'avoir organisé ça!

Daniel

Il y a quelques heures, Andrew Norman, l'ami de Chicago qui avait servi d'entremetteur pour l'inauguration de *Ventury*, me répondait qu'il avait aperçu Alexis et Patrick pour la dernière fois au seuil de la Green Lantern Gallery.

Nov 22, 2010

Hayy Daniel,
It was great to spend time with them, and we bid them farewell from the Green Lantern Gallery yesterday afternoon. The wind was blowing southwest, so we figured they would probably end up in Indiana. No one really knew what they should see there. Indianapolis? Fort Wayne? I suggested Gary, where Michael Jackson and the rest of the five were born and raised, but my friend Bryce warned them of the urban blight that Gary would present to them. Yes, hoping for wind that takes them around the lake and back to Chicago.

Norm [2]

[2] *22 novembre 2010*

Héé Daniel,
C'était fantastique de passer du temps avec eux. Hier après-midi nous

leur avons souhaité au revoir à la porte de la Green Lantern Gallery. Le vent soufflait vers le sud-ouest, et nous nous sommes dit qu'ils se retrouveraient probablement en Indiana. Personne ne savait vraiment ce qu'ils devraient y voir. Indianapolis ? Fort Wayne ? J'ai suggéré Gary, où Michael Jackson et les quatre autres sont nés et ont grandi, mais mon ami Bryce les a avertis que Gary ne leur présenterait qu'une ruine urbaine. Oui, espérons qu'un vent les fasse tourner autour du lac et les ramène à Chicago.

Norm

Bryce, un ami d'Andrew, avait ouvert une galerie d'art doublée d'une petite maison d'édition dans la partie avant de l'ancien espace commercial où il résidait sur Chicago Avenue. La Lanterne verte est le nom d'un superhéros américain, héritier d'une lanterne oraculaire et d'un anneau qui lui permet de façonner magiquement la matière, et l'opération a quelque chose d'une base artistique secrète.

À notre première rencontre, Andrew Norman (à qui l'on peut s'adresser sous les noms interchangeables d'Andrew ou de Norm), un garçon effilé, coiffé d'une épaisse houppe de cheveux noirs, m'avait tout de suite fait penser au magicien David Copperfield[3]. La proximité spirituelle que présuppose l'amitié entretient certaines magies. En mentionnant Indianapolis et Indiana, Andrew avait été visité par une prémonition : les premiers équipiers dériveraient vers le Wisconsin, alors que Chicago et Gary feraient partie de ma tournée au vent.

3   Malgré la splendeur orientaliste de son nom, David Seth Kotkin, un garçon du New Jersey, a cru bon d'emprunter son nom de scène à un des héroïques miséreux de Charles Dickens. Il en deviendrait célèbre et millionnaire.

Demain, j'atterrirai aux États-Unis, et Patrick et Alexis me raconteront la nuit de la Lanterne verte. Ils y avaient présenté *Ventury* à une poignée de curieux dans un anglais doublement cassé par les nasales québécoises de Patrick et les arrondissements franchouillards d'Alexis. On pouvait compter les participants sur ses dix doigts, ce qui n'enlève rien à la portée du geste, ou à la nécessité d'y croire. L'orchestration de leur départ avait procédé à la manière d'un numéro de prestidigitation. En guise d'adieu et d'élan, Patrick extrait de sa poche une des plumes d'oie blanche. Il la tend à bout de main, comme on s'empreint l'index de salive pour laisser s'y imprimer la fraîcheur du vent, prétendre à sa connaissance intime. La délicatesse du geste est rituelle, presque scientifique. Il tient sa tige du bout des doigts. Elle s'ébouriffe nerveusement. Il sépare l'index et le majeur. Tous les regards se tendent vers son vol virevoltant. *Rien dans les mains. Rien dans les airs.* La plume s'envole. On ne pense plus à elle. Seulement à l'image qu'elle a laissée derrière en disparaissant. Patrick, tête en l'air, résolument tournée vers l'avenir, prête dos à l'assemblée. Il s'en va. Alexis, avec cet air songeur et tranquillement amusé qui lui va si bien, lui emboîte le pas. Ils montent dans leur beau camion à la couleur de crépuscule. Démarrent. Disparaissent à l'angle de Chicago Avenue et du vent. On ne les a plus revus. Dans le rétroviseur, la petite troupe postée sur le trottoir commence déjà à se disperser. Un subtil sourire, aussi fin qu'une fumée, flotte sur leurs visages.

CE QUI EST QUI EST

Les bases secrètes se cachent partout. La veille de mon départ, j'assiste, dans une ancienne écurie de la police métropolitaine, à la projection d'un film de danse tourné par une amie. Il y a quelques années, Dana et Justin, son mari entrepreneur, ont investi dans l'acquisition de ce bâtiment rangé à l'écart, entre le hangar de la Société des transports et la rue Beaubien, tout juste au sud de la Petite Italie à Montréal. L'été, perché sur une des terrasses ou sur le jardin du toit, avisant la silhouette de la végétation dans les arrière-cours, on se croirait dans un castel italien. Le rez-de-chaussée accueille les répétitions des danseurs et les jeux des deux petits chiens aux noms italo-québécois Dante et Ti-Loup. Ces deux pelotes de poils noirs se sont adoptées comme des frères.

Ce soir, une foule compacte s'accroupit sur le plancher du rez-de-chaussée, leurs regards attentifs braqués sur la projection en noir et blanc qu'accueille le mur de l'écurie. En profil, des têtes se disputent à grandes mordées la possession d'un citron. Un homme et une femme. Une femme et une femme. Un homme et un homme. Les gencives se découvrent, l'acidité gicle. *What is Mine is Yours.* Je me tiens tout près du projecteur, avec Dana, qui m'explique que Dante et Ti-Loup, que rien n'excite tant que de disputer la possession d'une petite balle rouge, lui ont suggéré la mise en scène.

Le vent a comme nous un esprit animal. J'ai de la difficulté à me concentrer sur l'action. L'hiver et l'imminence de mon départ pèsent comme une arrière-pensée sur ma dernière nuit à Montréal. J'espère que le climat du sud sera plus clément, que le vent aura poussé mes compagnons jusqu'au rivage de Louisiane, ou à la péninsule floridienne. Aux dernières nouvelles, ils ont dérivé vers le Tennessee, et le sud de l'Ohio. Ils dorment sans doute ce soir quelque part entre la *rust belt* et la *bible belt*. Terres de rouille ou terres de foi. Tout est encore possible.

Je pars à minuit, par souci symbolique. À mon retour chez moi, la révélation de l'aéroport de ma destination m'attendra dans ma boîte de courriels. Le taxi traverse la ville. Je devrais compter les réverbères. Ça m'aiderait peut-être à dormir. On promet de la neige pour demain. Pourquoi suis-je si nerveux ? Cette nuit est déjà le prochain jour. *What there is there is mine to know.* Aujourd'hui demain, je rejoins les États-Unis du vent. Nul ne sait où. Pas même le vent qui est, qui est.

1

ENVOL

Montréal, Philadelphie,
Cincinnati

TAUX DE CHANGE

La première neige doit avoir commencé très tôt. Le ciel est gris, la poudreuse est blanche, et il fait bleu. J'ai glissé mon appareil photo, un petit Rollei argentique, dans ma poche gauche. À une époque, il fut la caméra manuelle la plus compacte du monde. Lorsque je soupèse sa masse métallique au fond de ma paume, je peux me convaincre que les images, même oubliées, ont un poids. Le noir et blanc accuse le relief des choses. Avant de monter dans le taxi, je prends deux photos de la même chose. Sous la grisaille du ciel, la première neige opacifie les airs, semble vouloir étouffer la ville et sa lumière. Je redouterai, tout au long du voyage, que cette saison qui se referme autour de nous m'attende au retour.

Sur le ruban morne de l'autoroute 20, le taxi fend les rosaces des flocons qui frappent le pare-brise avec une ardeur de plus en plus prononcée. J'ai des élans claustrophobes. À partir du moment où je monte dans un taxi, je compte les minutes. Je connais bien le chemin vers l'aéroport, mais j'ai tout de même peur, si on n'y arrivait pas à temps, d'être indéfiniment retenu dans l'impossibilité du départ. Muré dans ce taxi, sur l'autoroute enneigée, ou suspendu dans les couloirs de Dorval, à contempler l'accumulation silencieuse des neiges par ses verrières.

Le chauffeur haïtien fait bien de me divertir de ces rêveries étouffantes. Il s'échauffe en évoquant les abus de pouvoir commis autrefois à l'aéroport par certains agents frontaliers américains. Il a la voix chantante, les yeux exorbités d'outrage.

Le douanier sort un dollar haïtien du portefeuille de l'homme noir.

— *What is this? Are you a terrorist?*

L'entretien a trop duré. L'homme ne tolérera plus ces sophismes. Il agite d'une main fébrile, celle des discours dictatoriaux ou des prêches emportés, un *yankee dollar.*

— *What is THIS?*

Je ne vois pas qui des deux personnages de ce dramuscule tient le portefeuille. Est-ce qu'ils se le disputent, se l'arrachent tour à tour ? Le temps tourne à des rythmes divergents pour chacun de nous. La pensée du monde nous rejoint en différé. Pour ma part, j'ai récemment appris que la révolution haïtienne a donné naissance à la première république noire du monde. Les états américains, *home of the brave, land of the free*, ont déclaré un embargo commercial sur les esclaves émancipés. Sur son dollar trompé, Toussaint Louverture, dans son costume de Napoléon, regarde au loin, vers un pays qui à force de mauvaise volonté et de malheurs pourrait finir par se demander si Dieu est un terroriste.

Aux États-Unis, il n'y a qu'un Haïtien pour reconnaître la valeur du dollar.

COMMERCE ÉQUITABLE

Dans la zone de contrôle de l'aéroport de Dorval, les douaniers américains, alignés dans leurs petits cagibis de verre, trônent sur des tabourets pivotants. La lueur verdâtre des terminaux informatiques colore leur regard. Les bases de données du gouvernement fédéral brillent de l'archaïque radiance des premières machines électroniques. Il y a longtemps qu'on pratique le calcul et le contrôle social, passé les portes d'Ellis Island.

Le douanier qui m'accueille semble autochtone. Il a un de ces visages ciselés, à la peau d'écorce basanée. À une autre époque, il aurait pu affronter John Wayne en chef indien, stoïque sous son altière coiffe de plumes en Technicolor. Mais le douanier semble n'avoir que faire de ces clichés. Il porte bien l'uniforme bleu marine, au col pressé, de sa station. Moi aussi je porte mon bleu réglementaire : jeans, tricot, *peacoat* marines. J'ai avalé une gélule de valériane avant de franchir la frontière, et tout m'en semble adouci. Calumet de la paix. Cet homme a le regard mélancolique. Il s'est résigné, sans drame, à son métier.

Laconique *Hi.*
Bonjour, mon nom est Personne, et je pars suivre les routes bleues[4].

[4] Les routes secondaires étaient autrefois indiquées, sur les cartes des atlas routiers, par un trait bleu. En 1978, suite à son divorce et son congédiement, William Least Heat-Moon, voyageur de sang mêlé — Anglais, Irlandais, Osage — les a parcourues une à une à bord d'un camion modifié pour l'occasion, à la recherche de lui-même. On retrouve encore *Blue Highways* (1982), premier de ses livres de route, dans de nombreuses librairies de l'intérieur américain. Les cartographes de la Rand-McNally allaient bientôt modifier leur palette. Aujourd'hui, il faudrait dire *routes rouges*.

Je ne dis rien. Je lui passe mes papiers.

Subtile rotation de tabouret. Il se retourne laconiquement vers son écran. Tranquillement tapote. Un instant infinitésimal, ses pupilles se dilatent. Cowboy sur la crête herbeuse. Bison qui broute. Troupeau en cavale. Il embrasse la situation d'un regard. M'a dans sa mire.

Sous mon nuage, j'attends le choc d'une question, je m'invente déjà des alibis. *I'm going to Cincinnati to see the Indians play the Yanks.* Mes compagnons remonteront de Louisville, où l'on cisèle les battes de baseball dans le noyer d'Ohio, pour me rejoindre à l'aéroport de Cincinnati. Sur la casquette des Reds, on voit un Indien de bandes dessinées au sourire démesuré, plus large que son front.

Le douanier, lui, sait contenir son étonnement. Il ne me demande rien. Absolument rien. Même pas où je vais. *Tac.* Estampe. Il m'enjoint d'avancer en me rendant mon passeport. Les hommes aux nerfs d'acier sont rares, dans sa profession. Je suis chanceux : un de ses collègues m'a un jour condamné à la file des suspects, généralement composée d'un échantillon de toutes les populations *de couleur*, parce que j'avais demandé un tampon en souvenir de mon passage.

Nos regards se croisent à travers le brouillard de la valériane. Je crois deviner un vague sourire, un mouvement presque imperceptible à la commissure de ses lèvres. *Taking it in. Taking it all in at a glance.*

I am off to follow the winds, officer my brother. Rien à déclarer. Où que le vent me porte, j'honorerai ton silence.

LE VENT PARLEUR

J'ai enjambé sans accroc le pointillé invisible qui, sur les cartes, nous ramène à l'ailleurs et à l'ordre. Dans l'intervalle, le monde a changé. Derrière les baies vitrées de l'aéroport, maintenant que le dehors est dehors, le soleil perce. La neige, cristalline, brille.

Je ne sais rien ou presque du paysage qui m'attend. Une arche aérodynamique coiffe la ville, passe de béton pour cheveux de blé d'or des prairies. Cincinnati dispute à Chicago son titre de capitale des vents. Chicago, ville de gangsters et de rhéteurs politiques, subtilisée aux Indiens grâce à de fausses promesses, tient son nom de ses beaux parleurs. *Can we say that? YES WE CAN.* Les chamans entendaient le vent parleur, *the talking wind.* Aujourd'hui, au pied des gratte-ciel, *talking wind* nomme la verve des menteurs.

Je mens un peu aussi, car je me leurre. L'arche appartient en fait à Saint-Louis. Des autos décorées d'ailerons de requin circulent sous elle. Dans des médaillons disposés en mosaïque autour de la signature en lettres cursives de l'état, les *attractions principales* miroitent de promesse. On peut facilement vérifier cette vision en fouillant dans une de ces boîtes à souliers, remplies de cartes postales commémoratives, qu'on retrouve dans n'importe quelle brocante du bord des routes. Mais je n'y suis pas encore.

Mille petits diamants de neige miroitent sur la piste d'atterrissage. Les images aussi sont trompeuses. Alors que je patientais au poste-frontière, Al Capone, mort depuis soixante-trois ans, a décidé, par pur désœuvrement, de cambrioler l'hiver. Il est apparu, entouré de sa bande, en fedoras et complets à rayures, au milieu de la piste. Ses hommes pointent leurs mitraillettes au ciel, appuient sur la gâchette, saupoudrent les nuages d'une pluie de balles à la ronde. Heureusement, les verrières de l'aéroport, épaisses comme des cloisons pare-balles, sont conçues afin de rendre tolérable aux passagers en attente le tonnerre des atterrissages. Ceux qui assistent, incrédules, au spectacle, n'y entendent rien. La grisaille éclate en mille pépites, qui retombent en confettis autour des brigands. Le soleil réapparaît alors qu'Al, satisfait, tire une grande bouffée de son cigare.

Les gangsters ne sont pas poètes, quoi que tiennent à en croire certaines dames impressionnables, au risque de finir dans un film noir. Ce n'est que l'hiver après tout, et quand Al se penchera pour la recueillir, la fortune à ses pieds lui fondra au fond des paumes.

LA TRAME SONORE DE NOS VIES

Le terminal américain de l'aéroport de Dorval s'est nouvellement doté d'écrans plats sponsorisés. Inclinés comme des paravents, ils surplombent les îlots de fauteuils disposés autour de chacune des portes d'embarquement. Impossible d'en nier l'évidence. Ces écrans sont l'exact opposé de cette pierre qui, dans les jardins zen, se soustrait partout au point de vue du visiteur pour lui rappeler la présence du néant. On n'a guère le temps de méditer sur la nature du soi, ou les fluctuations du vide, quand les cuisines Denis Couture se mettent à l'écoute de nos désirs. La télévision détourne le regard et nie le silence. Même la parole y fait écran. *Cette offre est d'une durée limitée. Des conditions s'appliquent.* Le volume des téléviseurs est à ON, et si on ne dispose pas d'un instrument d'isolation sensorielle au contenu médiatique rival, il n'y a aucun moyen d'échapper à leur bruit. Un électroacousticien a un jour proposé d'installer dans les terminaux d'aéroport des douches sonores qui permettraient aux voyageurs de se doucher d'une rumeur apaisante[5]. Malheureusement, elles n'existent pas. Le *je* en transit, soucieux de la quiétude de son esprit, devra se munir d'un *iPod*.

[5]   L'électroacousticien en question est Brian Eno. Ses douches sonores, dans ce contexte où la pensée ambiante est complétement saturée par la rumeur des ondes, rappellent les théories invérifiables de son contemporain, Julian Jaynes, sur la conscience bicamérale (*The Breakdown of Consciousness and the Rise of the Bicameral Mind*, 1976).

Selon Jaynes, la conscience est une invention relativement récente. L'hémisphère droit de nos ancêtres était une chambre de résonance pour la parole divine. Ils associaient les voix qui s'y manifestaient à des présences littérales, parvenues à eux depuis un autre monde. Ces bons vieux anciens se devaient d'interpréter ces *voix du maître* distinctes de leur volonté, le plus souvent d'y obéir. Homère, paraphrasant les paroles divines, aurait donc été un écrivain réaliste.

Les temps changent. Le chien de la RCA penche allégrement la tête vers le cornet du gramophone. Les voix de nouveaux maîtres résonnent dans le vide laissé par le départ des anciennes divinités. Les vieilles idées ont la vie dure. Le monde se sature peu à peu d'ondes invisibles. De nombreux d'entre nous, ayant perdu foi en l'existence de l'âme, avalent de petites pilules pour apaiser leur angoisse existentielle.

Difficile de nier, dans ce terminal américain, que la médiasphère s'est greffée comme un troisième hémisphère à nos systèmes nerveux. On pourrait apprendre, sur une chaîne câblée perdue, qu'Homère était lui aussi une voix de synthèse, qui n'existait pas plus que les dieux dont il rapportait la parole. Nous avons recréé une chambre d'échos pour les voix de l'au-delà. L'époque des Drs Jaynes et Eno était celle des contradictions de la chimie spirituelle, du contrôle de la conscience et des psychotropes récréatifs. Nous avons beau sembler être les auteurs de nos jours, le mystère de la conscience n'en demeure pas moins entier. Les vérités métaphoriques demeurent irréductibles aux vérifications empiriques. En l'absence des douches sonores du Dr Eno, de leur *brainwash* salvateur, je prescris une dose de valériane et un bon livre au chien de la RCA.

On dit que les États-Uniens écoutent trop la télé. Dans les bars, les restaurants américains, on mange partout en compagnie des écrans. De peur de manquer une partie de la vie, peut-être. Un voyage précédent, en temps de guerre, m'a convaincu que les Américains, même les plus sagaces, ont toutes les difficultés du monde à penser en dehors de l'image. La télévision balise le monde des idées. Ses personnages sont seuls garants du débat public. Moore, Chomsky, Gore pour les canaux de gauche. George, Condoleeza, Dick pour ceux de droite.

Don't go away, people, in a moment we'll be back with the soundtrack to your lives. Je me demande quel bruit fera Philadelphie.

Consignes de sécurité

Consignes de sécurité. J'occupe un siège côté allée au bout de la rangée de l'issue de secours, tête inclinée sur un livre — *Awakenings* d'Oliver Sacks. *Hello ladies*, s'annonce-t-elle à ma compagne de rangée et moi. Je lève la tête et je deviens un homme, laissant filtrer un *Hello* efféminé en guise de compensation. Nous rions.

— *It's that beautiful curly hair.*

Il y a longtemps que je ne me suis pas fait coiffer. Et je considère profiter, à un moment du voyage, d'une coupe dans un *barber shop* à l'américaine. Quand j'étais encore dans ma vingtaine, on me disait souvent que je ressemblais à Oscar Wilde. Il a cependant réussi à éviter la prison en Amérique, où l'hygiène rend si rapidement suspect. Oscar, de même, est un des noms qu'on m'a donnés à ma naissance. Je m'en souviens chaque fois que je dois sortir mon passeport.

À l'époque où je portais les cheveux longs, je me suis parfois fait suivre par des hommes qui me prenaient pour une femme. J'ai dû leur expliquer, en me retournant, qu'il n'en était rien. Si cette volte-face n'affectait pas leur désir, j'ajoutais que je jouais dans l'équipe adverse. Tout de même, je suis flatté qu'en cette mi-trentaine, pencher la tête me permette encore de changer de sexe.

I have nothing to declare but my curls. L'affable agente de vol est une dame noire, au sourire d'une blancheur parfaite. Ses cheveux ont été gominés, défrisés et aplatis en une masse lisse et chatoyante, égale comme un moule de plastique. Elle aussi, de toute évidence, vit un rapport ambigu à sa chevelure. On peut trouver des coiffeurs compatissant aux causes les plus improbables. Je portais les cheveux longs parce que j'avais peur de me les faire couper, de ne plus me reconnaître après l'opération. Bien avant ces jours de valériane, j'anticipais la prostration forcée dans la chaise du coiffeur, qui affiche une certaine parenté avec l'immobilisation dans un fauteuil numéroté, avec une angoisse comparable à celle qui précède un vol aérien.

Notre hôte nous explique la marche à suivre pour déverrouiller l'issue de secours. Je suis tout ouïe mais je pense à autre chose. Je n'oserai jamais lui parler de sa coiffure, d'Oscar Wilde et de moi.

LA MALADIE DU SOMMEIL

Awakenings. Au lendemain de la Première Guerre mondiale, une grande épidémie de sommeil déferle sur le monde libre. Des reflets s'approchent du creux des miroirs. Ils cherchent à ramener des prisonniers au Château de Personne. Lorsqu'ils croisent le regard de leurs victimes, l'espace s'effondre, le temps tombe en lambeaux. Les affligés se vêtent de ses loques pour devenir fantômes.

Le virus *encephalitis lethargica* n'épargne personne. Il emprunte le nom du sommeil pour se glisser sous la conscience, se greffer au système nerveux et jeter son mauvais sort. Delirium, manies, transes, coma, sommeil, insomnie, parkinsonisme — les symptômes sont des variations sur ces cauchemars où nous nous retrouvons déconnectés de notre volonté corporelle, témoins impuissants d'un malheur imminent, tragiquement conscients des gestes qu'il faudrait, que nous n'arrivons plus, à poser. Au moins pouvons-nous nous éveiller en pleurs.

Le rêve est une absence momentanée au monde de l'éveil. La plupart de ceux que visite la maladie du sommeil n'auront pas le luxe d'y revenir. Ils vivront, pour le reste de leur vie, un cauchemar à cœur de jour. Enfants, femmes et maris, vieillards, de toute race et de toute classe sociale, tombent sous la coupe du cauchemar. D'abord possédés par une incontrôlable fébrilité, ils perdent peu à peu la possession de leurs fonctions corporelles, jusqu'à devenir de véritables statues vivantes. Ils seront des millions à mourir, ou à quitter leur vie pour des hôpitaux et des asiles, où ils iront grossir les rangs des incurables.

Le Dr Sacks, à la fin des années soixante, les retrouve et tente de briser leur ensorcellement à l'aide du psychotrope DOPA-L [6]. *Awakenings* décrit des gens rescapés, sous l'effet de la drogue, de mondes à l'intérieur du monde, pour en faire le portrait. Alice vieillies, abandonnées au Pays des merveilles, Christopher Robin à jamais égarés dans les bois, à un pas de la vie adulte.

---

[6] Harold Pinter a signé une courte pièce de théâtre inspirée d'une des études de cas les plus poignantes du Dr Sacks, « Rose R. », *A Kind of Alaska* (1982). Cette jeune fille privilégiée, qui aimait la danse, les garçons et les avions, disparaît en elle-même à la sortie de l'adolescence. Rose s'éveillera, des décennies plus tard, à un reflet qui ne semble plus le sien, ayant subi en fait ce qui semble ne devoir advenir qu'en fiction. La Belle au bois dormant ou Rip Van Winkle, s'ils avaient vraiment vécu, auraient bien pu en mourir de tristesse. Dr Sacks, convaincu de l'étonnante plasticité de la conscience, donne à Rose un nom de fleur infinie. Rose a vraiment vécu. Elle a conservé, au fond de l'absence, la conscience d'exister. Même si ce n'est pas son nom véritable, *Rose qui est Rose est Rose.*

If the world consisted entirely of stairs, she would have no difficulties getting around whatever[7]. Les léthargiques se remettent à bouger sous l'effet de signaux soudains et de patrons répétitifs. Ils saisissent, d'un geste prompt, une balle lancée vers eux. Ils traversent, d'un pas parfaitement cadencé, un carrelage régulier. C'est

[7] *Si le monde était entièrement composé d'escaliers, elle n'aurait absolument aucune difficulté à se déplacer.*

que l'architecture du Château de Personne est entièrement échafaudée de reflets et d'échos. Ses halls infinis bégayent incessamment un seul mot incompréhensible. Les miroirs renvoient un regard sans origine, détaché de tout objet. Une balle rebondit sans fin entre les parois, roule insaisissable sur les damiers noir et blanc de ses parquets, dévale la spirale d'escaliers qui ne mènent qu'à eux-mêmes. Mais les prisonniers du sommeil savent encore qu'ils sont *ici*. Et qu'il y a, dehors, quelqu'un qui le sait. Ils continuent d'errer, à la recherche d'une chambre secrète, où leur corps véritable sommeille, attendant leur retour.

Drogues douces

Si le monde était entièrement composé de vents, nous n'aurions plus à penser. DOPA-L est un puissant psychotrope. VALÉRIANE D, une drogue douce. C'est pourtant un redoutable soporifique, propre à apaiser ceux qu'accablent l'anxiété et l'insomnie, ces maladies communes de l'être et du sommeil.

Les aéroports, comme les patients du Dr Sacks, existent à l'écart du temps. On y attend, à un pas de soi, d'arriver où on va. Étonnamment, l'aéroport de Philly n'est pas hanté, comme le nouveau terminal américain de Dorval, par la rumeur des téléviseurs. Des chronophotographies d'oiseaux figés en plein vol sont exposées dans des vitrines disposées le long des corridors du terminal. *Qui sait vraiment de quoi est fait le temps ? Par quel point immatériel notre volonté se raccorde à nos durées ? Où commence et où finit l'instant infinitésimal qui nous sépare du prochain pas, du prochain battement d'ailes ?* Plus loin, on a droit à un historique du fer à repasser. Ses incarnations les plus aérodynamiques n'ont rien à envier aux plus belles carlingues d'autos à ailerons de requin. À quoi ressemblerait un avion né du croisement d'un oiseau et d'un fer à repasser ? Il faut bien occuper l'imagination des passagers en transit.

Les autorités aéroportuaires ont mis à la disposition des voyageurs qui patientent des chaises berçantes. Elles s'alignent au milieu d'une allée marchande au patron étoilé, qui me rappelle un centre commercial de banlieue. Toujours curieux de ce qu'on lit à l'étranger, je choisis de passer par la librairie corporative au nom frontalier, *Borders*. Je suis le plus souvent déçu par l'inchangeable inventaire des librairies d'Amérique. Le jeune préposé noir salue généreusement *Sir*. Je ne convoite rien en particulier. Je me contente de regarder. Il y a bien une section CLASSICS. Nouvelle pensée pour Sir Wilde. *Do you have* The Picture of Dorian Gray *?* Un jeune dandy y troque son âme pour une jeunesse éternelle. Son portrait vieillira à sa place. Au terme du contrat, lui s'étiolera d'un seul coup, rattrapé par le temps qui fuit, qui fuit.

L'aéroport de Philadelphie est un des principaux points de connexion pour les vols en partance vers l'intérieur américain. Nous sommes nombreux à attendre, et les places tranquilles sont difficiles à localiser. Je trouve une chaise berçante à l'écart, face aux baies vitrées qui donnent sur les pistes d'atterrissage, pour continuer à lire *Awakenings*. J'ai presque honte de ressentir un tel frisson romanesque à découvrir ces présences qui s'absentent douloureusement du monde. *Comment se sent-on, Rose, de devoir vivre en fait ce qui ne devrait advenir qu'en fiction ?*

Mes voisins sont un couple d'un certain âge. Ils se passent une liseuse numérique et une boîte de biscuits. J'aurais envie de leur en demander un. *Trade a biscuit for a pill?* Je n'avais pas non plus fait attention à l'image de la ville à travers les verrières du terminal. Quand je relève la tête de mon livre, j'aperçois, au loin, des cheminées enguirlandées de fumée. Nous sommes à la lisière extrême-orientale de la *rust belt*, la ceinture de rouille, ce paysage d'industrie où le Nord ressasse sa défaite. Je suis un agent transfrontière, entre deux vols valérianes, et je n'ai rien à faire qu'à ruminer les distances. Je recommence à lire. À la recherche d'une phrase qui me dira où je suis. *A coming-to-terms of the sensitized individual with his total environment*[8].

[8]   *Une acclimatation graduelle de l'individu sensibilisé avec son environnement total.*

UN NOM DE STATUE

Le système de climatisation interne a des effets délétères sur ma chevelure, qui perd de son relief. Cincinnati a un nom de statue romaine. Quand la première République sentit la menace des territoires barbares peser sur elle, elle fit appel au brave général Cincinnatus. Son fils Céson, jeune homme d'une violence irrépressible, avait pris l'habitude de rosser de coups et de dépouiller de leurs vêtements tous ceux qui s'opposaient à ses désirs. Son père renie le jeune homme, qu'on retrouve, peu après, en cavale en marge de l'Empire. Il s'allie les Volsques, les Sabins et les Aeques, peuplades aux noms exotiques dont il faut surtout retenir qu'ils ne sont pas Romains. Le jeune délinquant, qui tient de son père, prend en otage le général Minucius (au nom infortuné) et son armée, prisonniers au sommet du mont Algide. Une délégation de sénateurs outrés par ce défi posé à l'autorité romaine et paternelle part trouver Lucius Quinctius Cincinnatus, *gentleman farmer*, dans sa petite maison dans la prairie. L'humble surhomme a pris l'habitude de sarcler ses terres dans son plus simple appareil. On le convainc de se rhabiller : il troque sa charrue pour les lauriers du despote. Pif. Paf. Il rentre à Rome, son fils et ses amis barbares en traîne, attelles au cou comme des bêtes de somme. Minucius et les garçons du régiment, qui peuvent à peine contenir leur admiration, offrent au héros une couronne d'or et une couronne obsidionale, qui s'agencent à merveille avec ses bouclettes.

Il faut dire que c'est d'elles qu'il tient son nom, peut-être aussi sa force. Le latin *cincinnus* désigne en effet ces belles frisettes qui provoquent l'admiration des politiciens, des militaires de carrière et des hôtesses de l'air. Cincinnatus n'a que faire de tels compliments. Il préfère retourner sarcler ses terres. Vingt ans plus tard, on le rappelle brièvement à la dictature, pour l'assassinat stratégique de Spurius Mælius, prétendant maléfique à la restauration de la royauté. Cincinnatus devient, avec sa charrue et ses faisceaux de licteur, une statue sur de nombreuses places publiques des États-Unis.

Les Américains aiment comparer, depuis les lendemains de la Guerre d'indépendance, l'héroïsme champêtre de Cincinnatus à celui de George Washington, général aguerri et *gentleman fermier* comme son prédécesseur de la Rome antique. La Société Cincinnatus rassemble dès 1783 des vétérans du conflit fondateur. C'est un des leurs, le général Arthur St. Clair, Anglais engagé dans les forces révolutionnaires, qui en 1790 baptisera la cité de Cincinnati, avant de devenir commandant en chef des guerres indiennes et de se faire tabasser par Little Turtle et sa bande d'irréductibles en 1791. Je donne au vainqueur le visage serein du douanier de Dorval. Les journaux du lendemain auraient pu titrer : *Petite tortue vainc cheveu plat.*

BOÎTE LUMINEUSE

Dans mon souvenir, les aéroports de Philadelphie et de Cincinnati ne sont plus reliés que par une parenté formelle. L'aéroport de Philadelphie obéit à un plan étoilé. Celui de Cincinnati me donne une impression quadrangulaire. *It's a cool, multipurpose shape — a box.* On parvient au carrousel à bagages par un court escalier mécanique. Un hall rectangulaire. Mise en abyme de cette structure mentale que l'aéroport a imprimée dans ma conscience. Ligne sombre des téléphones publics. Ligne claire des banquettes de cuirette rouge. Portes coulissantes. Îlots de lumière des réverbères sur le trottoir. *C* inversé du carrousel, ses deux extrémités reliées au rectangle général.

Mes bagages ne sont pas là. Alexis et Patrick non plus. Je teste mon téléphone américain. J'appuie sur la petite flèche qui devrait me révéler ma position sur la carte. *Your location.* Je suis ici. Je ne sais pas où. La lumière qui nappe cet espace au haut plafond empêche de voir le monde extérieur, mais elle nous y accueille. Je me sens bien. En attendant mes bagages, et cette petite révélation. Bientôt Patrick et Alexis surgiront du soir, par les portes coulissantes. Et nous rejoindrons ce qui ne semblait qu'exister en image.

LA PISTE DU CHEESEBURGER

Avant de retourner en France, Alexis veut manger un *t-bone steak*, ou tout autre partie semblable d'un bovin. Patrick et Alexis me confient qu'ils ont passé les dix derniers jours sur la piste du cheeseburger — que je baptise *the cheeseburger trail* — à goûter aux délicates variations de ce mets typiquement américain, difficile à déguster en Auvergne.

Nous remontons l'autoroute qui mène de l'aéroport au centre-ville de Cincinnati et à ses *steakhouses*. J'ai pris la place d'Alexis sur la banquette du passager. Derrière mon épaule, perché sur le strapontin, il voit le paysage défiler de côté. Ça fait l'effet d'une barque. Il fait noir, l'air est doux, et on pourrait être n'importe où, aux abords d'une ville moderne, ou en chemin vers les forêts, le grand dehors.

La découpe lumineuse de Cincinnati est celle d'une grande ville. Les États-Unis contiennent une dizaine d'agglomérations aussi grandes que Montréal, qui est la deuxième ville, en termes de population, du monde francophone. Lumière laiteuse des gratte-ciel, d'une ville prospère, brillante d'entreprise. Je baptise la tour qui me semble la plus haute, coiffée d'un entrelacs de diodes, la Tour neuronale. L'arche de Saint-Louis est absente, à Saint-Louis. Le *Let's Go*, dont l'épaisseur est inversement proportionnelle à la précision, m'informe que le compact pont d'acier qui enjambe l'Ohio, au milieu des constructions modernes, était un prototype pour le pont caténaire de Brooklyn. *The Brooklyn Bridge Tryout*. Il semble construit à une autre échelle que les structures qui l'entourent, comme si le monde, jadis, était plus petit. Vu d'ici, on ne comprend pas bien à quoi il sert, sinon à ce qu'on s'en souvienne.

L'air lumineux du centre-ville est embaumé d'une étrange tranquillité. Au pied des tours de bureaux, les citoyens libérés de leurs tâches de la semaine, encore en blouses et cols blancs, cheminent heureusement vers les amusements du samedi soir. Nous marchons entre eux. L'effet valériane s'est tout à fait dissipé. Je ne sais pas si cette qualité quiète est propre à Cincinnati, ou si ce sont les longues heures passées dans les corridors de l'aéroport, la carlingue de l'avion, l'habitacle de la voiture, qui me font ressentir cet appel d'air et de lumière pour mon retour sur terre.

Nous choisissons, pour notre repas d'adieu, un pub à la façade néo-classique, dans la plus pure tradition des monuments du civisme américain. Son plancher palatial est constellé de tables de bois dur entourées de banquettes de cuir rembourré, qui assurent un point de vue de choix sur un des omniprésents écrans diffusant le match — cette fois, c'est du football, et le son, au moins, reste au stade. Qui vs Qui ? Je ne sais trop : c'est du football.

Une scène surélevée occupe le centre du plancher. Sous la canopée des écrans, un trio rock — guitare et voix, basse et batterie — y monte pour entonner des standards. *Oh Sherry. Coppertown Road.* Une musique d'imitation tolérable. Le steak d'Alexis est immense. Il me rappelle l'entrecôte de dinosaure commandée par Fred dans le générique des *Flintstones,* qui fait basculer sa préhistomobile. Une courgette sculpturale, délicate comme un bouton de fleur, complète l'assiette. Patrick choisit le poisson, nécessairement pané. Nous goûtons à une version *nouvelle cuisine* du menu monomaniaque des *diners.* Il faudra que je me souvienne qu'il est si facile, en ce pays qui grossit, de mal manger. Pour l'instant, je suis ravi d'inaugurer mon retour sur la *cheeseburger trail.*

TABLE D'ORIENTATION

Je fais ce que je veux, je ne fais pas d'art visuel. Voilà pourquoi Alexis peut réaliser de si beaux croquis. Formé à l'École nationale supérieure du paysage de Versailles, il pratique le dessin d'observation à l'ancienne.

Bien que notre passage soit bref, nous cherchons à goûter cette ville. Nous avons suivi les intuitions d'un samedi jusqu'à un petit pub étroit et bruyant. Nous sommes installés autour d'une table ronde, sur une banquette curviligne. Patrick nous commande des bourbons. Alexis et moi déplions la carte, entrouvrons nos carnets. À la table d'à côté, au pied d'une petite marche, nos voisins se demandent ce qui détourne notre attention du match. *Elle n'est pas détournée, mes amis, elle porte, complètement, ailleurs.*

Patrick nous ramène trois bourbons, essentiels à la digestion des viandes américaines. Je glisse vers Alexis mon cahier, l'invite à y dessiner, à main levée, la ligne du vent. Il retrace ses nœuds et ses vecteurs, inscrit des points sur la carte, en me décrivant, étape par étape, la dérive qui a mené la Blue Rider de Chicago à Cincinnati.

Il retourne la carte vers moi. À partir de maintenant, à moi d'en assumer la légende.

Nous sommes les coureurs à relais du vent, et nous voulons tout vous conter. Où nous sommes allés. Ce que nous avons vu. À qui nous avons parlé. Ce que nous avons mangé. Les livres qui nous accompagnaient. Le temps qu'il faisait.

Et le vent qui soufflait.

Alexis me décrit l'état du paysage, et de son âme en lui. Le passage de la frontière a été ardu. L'esprit pragmatique est un trait typiquement américain. Le camion, coiffé de vent, est dès l'abord suspect.

L'AGENT : *What's that?*

Les girouettes, après tout, ne fonctionnent que si on les fixe aux toitures des maisons ou des granges.

PATRICK : *Well, that's a weathervane.*

L'AGENT : *I know it's a weathervane. What is it for?*

PATRICK : *It's used to tell which way the wind is blowing.*

Parfois, les choses les plus simples sont les plus simples à expliquer.

Diviser pour triompher.

L'agent se tourne vers Alexis.

L'AGENT : *Where are you from?*

ALEXIS : France.

Il sort de son portefeuille des photos de son Auvergne natale. Les enfants d'Alexis posent debout devant une pittoresque maison de campagne, qui est en fait celle du voisin. Ils sourient de bon cœur.

L'AGENT : *What's this? Is that your house?*

Oui.

L'AGENT : *Really?*

Vraiment.

L'AGENT : *You may go.*

Oh, family man. Sous son badge : cœur attendri. La relation de Patrick aux autorités est plus tendue. Ce petit look *grunge*, même s'il vient tout droit des États-Unis, n'est guère propice au dialogue avec les représentants de l'ordre. À mon avis, Patrick devrait se raser et laisser repousser sa barbe une fois la ligne frontalière franchie. Elle deviendrait ainsi une horloge du parcours. Cela dit, ces choix esthétiques lui appartiennent en propre. L'agent se braque. Il lui demande s'il n'a jamais senti le métal des menottes autour de ses poignets.

L'AGENT : *Have you ever felt the cold hard steel of handcuffs around your wrists?*

PATRICK : *No sir no.*

Penser à autre chose.

Wherever there's a cop beatin' up a guy, I'll be there[9]...

Ces gens n'aiment pas qu'on leur fasse la morale.

L'agent répète sa question.

Cold.

Hard.

Steel.

Se retenir de parler.

---

[9]   Littérature : John Steinbeck, *The Grapes of Wrath* (1939). Cinéma : John Ford, avec Henry Fonda (1940). Musique : Bruce Springsteen, *The Ghost of Tom Joad* (1995).

Tout s'explique : un jour, dans la bourgade de Waterloo, où il a élu de vivre avec sa promise, Patrick reçoit un appel mystérieux.

LA VOIX : As-tu de la roche ?

PATRICK : De la roche ?

LA VOIX : De la vitre. On m'a dit que tu avais de la vitre.

...

Nous ne parlons pas tous le même langage, en anglais comme en français. La population locale de Waterloo, à la mode américaine, a certains problèmes d'emploi, et de consommation. Beaucoup des gangsters de l'ère pétrochimique préfèrent les vestes à capuchon et les bijoux *bling* aux complets d'antan. Un *autre* Patrick Beaulieu rôde dans les bases de données du gouvernement américain. Il est en cavale aux États-Unis, et il ne s'intéresse guère à l'art actuel. Il sait ce que veut dire *faire du vent* et il n'a pas peur de mentir au visage des autorités. *Bling bling bling.* Une malédiction s'abat sur le monde. La pluie de pierres précieuses qui éclatait autour de la bande à Capone dans ma vision de Dorval n'était pas composée de diamants, mais de cristaux de méthadone.

L'étrange cas du Patrick second ne sera résolu que l'année suivante, à un passage au terminal international de l'aéroport de Dorval. Le Patrick qu'on connaît s'apprête à embrasser passionnément sa fiancée. Ils sont de retour de son Mexique natal, où Estela a subi un exil forcé. Nous sommes en 2011. Un soudain changement d'humeur du gouvernement conservateur canadien quant à la mobilité des voyageurs immigrants avait retenu plusieurs milliers de citoyens en devenir dans leur pays d'origine.

Les fiancés s'embrassent, à un pas de la ligne frontalière, croyant avoir touché terre là où ils seront enfin libres de s'aimer. Un agent s'approche, tapote l'épaule de Patrick. *Il va falloir que vous me suiviez.* Encore ! Dans la chambre dérobée, le secret s'apprête à exploser. À force de subir le même traitement, Patrick éclate enfin. L'agent frontalier, ému par ce spectacle, révèle à l'agent transfrontière l'existence d'un homonyme criminel. Le nom de Patrick dissimule un double. C'est son fantôme, et non sa barbe, qui le retient à chaque passage frontalier. Je suis heureux d'apprendre que l'émotion l'emporte parfois sur la diplomatie.

Du temps passe. Alexis pense à l'Auvergne. L'agent continue de travailler le motif des menottes. Il finira par concéder à Patrick son droit de passage. Ni Alexis ni lui ne savent pourquoi. Ou se souviennent comment. Seule survivance du moment : le sentiment d'une agression.

Les frontières sont des lignes immatérielles. Elles se glissent sous les pelouses et les racines des arbres, pour nous rappeler à l'ailleurs, et à l'ordre. Aussi subtiles que l'intervalle qui sépare un moment d'un autre moment, une vision de son objet, ou une tête de sa semblable. *You may go. But why don't you lose that facial hair, son, so you don't get into so much trouble.*

À Chicago, la plume d'oie blanche pointait vers le sud. Mais la manche à air du camion, une fois franchies les limites de la ville, indiquait avec insistance le nord. Drapeaux, oriflammes, papiers perdus, feuilles mortes : les signes conjugués du vent pointaient ailleurs.

La Blue Rider dérive de Chicago à Milwaukee, aiguillée à travers Franklloydwrightlandia par les instincts d'architecte d'Alexis, jusqu'à Fond du Lac, tout près du Canada. Le vent tourne et tergiverse. Les signes sont confus. La carte indique WIND POINT. Ils s'y rendent. En l'absence de données déterminantes, mieux vaut se raccrocher aux évidences poétiques.

La radio annonce une tempête. Les interlocuteurs d'Alexis et Patrick, croisés dans les stations d'essence et les restaurants, prennent ces étrangers pour des chasseurs de tornade. Ces aventuriers du vent bravent la violence des cyclones pour en capturer les images. On s'attend de revoir les agents transfrontières au

Documentary Channel. Et on se dit que, s'ils avaient voulu, comme on dit, se simplifier la vie, ils auraient pu consulter le *Weather Channel*[10]. Bien que cela soit vrai, le dessin du territoire n'aurait pas paru aussi beau. Les chercheurs de vent, s'ils sont des hommes d'action, préfèrent se laisser emporter par la brise tranquille des dérives métaphoriques.

[10] Le canal météorologique, qui à ma connaissance ne nomme aucun cours d'eau, serait un beau nom sur une carte.

Le vent pousse la Blue Rider vers l'intérieur des terres, entre les blés répétitifs, jusqu'à Lafayette. De l'Empire des Français d'Amérique, il ne reste que les noms, imprononçables pour la plupart de leur descendance locale. Ils ont l'étanchéité insignifiante des sons purs, mais ils permettent à ceux qui en possèdent le secret de discrètement voyager à travers l'oubli.

Sur les plaines d'Illinois, des pales d'éoliennes hachurent une pluie verglacée. Evan, Louis, Frank. Qui étaient-ils ? La Blue Rider glisse le long de la rivière Ohio, d'Evansville à Louisville, avant de s'arrêter à Frankfort, dans une vallée sans vent.

C'est le *Thanksgiving*. Les familles se rassemblent dans le secret des salons et des salles à manger. Un couple de libraires d'occasion accueille les voyageurs dans la chaleur de leur commerce. LUI est égyptologue à ses heures. ELLE l'aime et elle veut bien l'accompagner en pensée.

LUI : *You know you're not really looking for the wind, right?*

Il pose l'index sur le cœur de Patrick. Au lieu où les officiers portent leur badge.

Elle conclut leur échange par une formule, qui conviendrait à merveille à une plaque d'immatriculation souvenir :

ENJOY AMERICA...

IF YOU CAN

Dans la géographie d'Alexis, le tracé des routes, après s'être éloigné du contour des Grands Lacs, commence à ressembler à celui des rivières. Les villes composent des points de plus en plus denses. Nous voilà, ici, maintenant, posés entre deux vents, à cette table d'orientation.

Nous nous levons pour partir, quitter cette table d'orientation. Nos voisins de table, lassés du match et curieux de nos accents, nous interpellent au passage.

— *What are you guys doing around here?*

Je leur explique, sans détour, que nous suivons le vent. Patrick leur tend un de nos beaux signets bleus ornés du logo ailé de *Ventury*.

— *Have a TV crew follow you around and you'll be millionaires!*

Merci pour le conseil. Quand on n'a plus de repères, on s'invente au plus vite une façon de les retrouver. J'aurais voulu leur expliquer que la poésie arrive à point nommé à ceux qui savent l'accueillir. Qu'elle se manifeste sous les formes et dans les lieux les plus improbables. Qu'elle est, enfin, une affaire de rythme.

Aussitôt que nous posons le pied à l'extérieur, dans l'air et la lumière de cette veille du vent, Patrick m'annonce que ce soir, nous dormirons sur Dream Avenue.

2

NORD-OUEST

Cincinnati à Indianapolis

UN SOIR SUR DREAM AVENUE

Ne t'inquiète pas, ce n'est que le sommeil d'un soir. Demain tu dormiras mieux. Je tente d'apaiser mes inquiétudes, d'accueillir doucement le sommeil en moi. Me voilà de retour sur terre, à l'issue de mon vol valériane, et ce soir je voudrais que mon repos soit complètement naturel.

Plus tôt, Patrick s'est chargé de réserver les chambres. Il m'a prévenu de la modestie du séjour. Une rue si joliment nommée motive inévitablement certaines attentes. Dream Avenue serpente à travers les plages noires des stationnements, les bureaux des petites compagnies, les rues sans habitants, éclaboussées par la lumière répétitive des réverbères, vers un escarpement rocheux. Elle surplombe un boulevard périphérique, tel qu'on en retrouve aux abords de toutes les grandes villes nord-américaines. En contrebas : les grandes surfaces ensommeillées, la parade luminescente des logos, les cheptels de voitures sans propriétaires. Parfois, la découpe sombre et touffue de terrains vagues permet d'espérer une forêt.

À l'extrémité tronquée de l'Avenue du rêve, le motel dont j'ai oublié le nom — c'est une simple raison sociale — veille sur la ville endormie. L'immeuble voisin, un quadrangle de tôle aux vitres fumées posé sur un lit d'asphalte, accueille les bureaux d'une compagnie d'assurances. Un bosquet solitaire, unique concession à la verdure, veille sur son stationnement. La Blue Rider passe et s'engage sur l'accès en demi-lune du motel, sans nous arrêter devant la maisonnette qui abrite la réception. Au milieu d'un vaste stationnement, de longs pseudo-bungalows alignent quelques dizaines de chambres qu'on a tout droit de supposer rigoureusement identiques. Drôle de voisinage pour un *motor hotel*.

À chacun son espace de stationnement, à chacun sa porte. *Garez-vous. Coupez le moteur. Plongez la main dans votre poche. Troquez vos clefs de voiture contre la clef qu'on vous a confiée. Surtout, n'oubliez pas le numéro de votre chambre, car ici, tous les séjours se ressemblent.*

Les voitures, comme tendent à le confirmer les étalages des détaillants automobiles du boulevard au pied de Dream avenue, sont construites en série. Un voisin, propriétaire d'un véhicule de même couleur et de même marque, pourrait bien vous jouer un tour pendant la nuit. Mais c'est trop s'inquiéter. Ce n'est plus le moment. Pour la somme modique de soixante dollars américains, vous dormirez embaumé dans l'odeur rassurante des produits hygiéniques.

La femme de ménage, sans aucun doute une demoiselle des minorités dites visibles, fait bien son travail. Visibles ? Qui se rappellera de son visage ? Et qui sait comment elle est arrivée à Cincinnati ? Les ancêtres de la femme de ménage sont métèques, d'ébène africaine ou de cuivre latin. Ce sont les barbares à nos portes, et ils sont prêts, en ces matins sans histoire, à faire le ménage à notre place. *Ne sois pas si dramatique, just leave a lot of tip.* L'invisibilité, en ces parages, est la faculté la mieux partagée du monde.

La trace de ceux qui nous ont précédés en ces lieux est complètement imperceptible sous le fumet des assainisseurs chimiques. Leur effet soporifique demeure incertain, mais leurs exhalaisons contribuent sans aucun doute à l'altération des rêves. Je soupçonne que la femme de ménage ne croise presque personne. Je lui attribue des intentions. Aussi, je reconnais ses dons. Elle ne *veut* probablement croiser personne. On apprend bien trop de choses indiscrètes en exerçant son métier. Il consiste, comme celui de certains agents des pouvoirs impériaux, à faire disparaître toutes les traces de ceux qui passent en ces chambres, histoire que le voyageur prenne ses aises au milieu de nulle part.

On ne dort que dans une chambre à la fois, mais les matins de la femme de ménage additionnent des chambres identiques. Au fil des ans, elle a acquis l'air blasé des employés à la petite semaine. Si je la croise à l'aube, je lui dirai *hello. You have the right to remain silent.* Inclinant la tête, détournant le regard, elle répondra *uh-uh*, qui est une façon de ne rien dire et, surtout, de ne rien entendre. La compagnie hôtelière ne lui demande rien d'autre que d'obéir à ses dictats, qui traduisent la volonté de ses avocats, de ses assureurs et de ses actionnaires. Dormiraient-ils ici ?

L'ordre imperturbable des draps et des serviettes a été, et sera, dans les plis et replis du temps, rétabli. Ces chambres sont destinées à accueillir l'Américain moyen. Mais qui est-il, et, surtout, pourquoi ? Alexis qui s'en va, Patrick avec qui je voyagerai, et tous les étrangers qui nous entourent dorment, ce soir, dans des chambres pareilles à la mienne, au milieu des mêmes parfums. Dans la nuit qui avance, il n'y a que nos voitures fabriquées en série pour nous distinguer les uns des autres. Tour à tour, à l'heure du *check-out*, nous nous évanouirons dans les lointains asphaltés, céderons nos rôles à de nouveaux étrangers. Sur Dream Avenue, il n'y a que les rêves qui diffèrent.

Les citoyens de l'Empire sont égaux devant la loi. À l'ère du *homeland security*, l'Acte Ziploc ordonne aux entrepreneurs de sceller hermétiquement les chambres. J'aime maintenir un contact, aussi ténu soit-il, avec la réalité extérieure. Je teste les fenêtres. C'est un motel d'une autre époque. Elles s'ouvrent encore à demi. L'hospitalité est, de nos jours, devenue une affaire d'assureurs. Dans les motels des grandes chaînes où les rôdeurs pourraient être tentés d'entrer par effraction, ou dans les hôtels en hauteur où le sentiment d'un non-lieu pourrait inciter les âmes sensibles à la défenestration, les fenêtres ne s'ouvrent plus. *For security reasons we have closed off your access to reality.*

Une douche chaude devrait tempérer mes états d'âme. Je ferme les yeux. La rumeur de l'eau efface celle du trafic proche. La fatigue du voyage se dissipe en un nuage de vapeur. La journée spirale au fond du drain. Quelqu'un guetterait-il ma fenêtre, caché par les pans de rideaux, qu'il verrait un plumet de vapeur s'échapper de ma chambre, comme d'une respiration transie. C'est la vapeur de l'oubli, et le temps s'évanouit en elle.

La vapeur se dissipe. Je referme la fenêtre. Me glisse sous l'édredon synthétique, avec son liséré de satin. Je ressens sur ma peau réchauffée le picotement des draps usés. Je m'endors dans l'odeur et la chaleur de nulle part. CABLE TV IN EVERY ROOM. Le canal météo n'a rien à indiquer sur l'état des routes qui relient les rêves à la réalité. Le sommeil est un moteur à deux temps. Le voyageur, enfin assuré de n'être nulle part, rouvre les yeux au milieu d'un rêve dont il ne conservera aucun souvenir. Quand il les rouvrira de nouveau, il sera encore et toujours nulle part, mais il aura neigé. Au cours de la nuit, les pare-brises se veineront d'un lacis de glace. Une fine neige viendra recouvrir les carrosseries. Alors que nous nous absenterons en rêve, le monde aura changé.

Dehors, un camion repose sous la nouvelle neige et l'attend. La femme de ménage, d'autres voyageurs que lui, viendront à sa suite, dans les voitures de l'époque. Des milliers de Ford Ranger sont produits de 1982 à 2011 au Twin Cities Assembly Plant. Une fraction importante de ces véhicules sont bleus. De nombreuses fois, sur les routes de la Région centrale, les chercheurs de vent se croiseront eux-mêmes, invisibles au volant d'un camion identique. Il neigera, ne neigera pas. La statue de Cincinnatus, figée sur son socle, convaincue de son droit de propriété, se couvre de galons de neige. La femme de ménage fait bien son travail. Demain, le voyageur, qui est moi, qui n'est personne, sera loin. Et elle sera encore là à l'attendre, à l'effacer.

LA PORTE VERTE

Je ne me souviens pas d'avoir rêvé sur Dream Avenue. Je troque mon rêve perdu pour une photo d'Eugene Smith. Lumière d'un grand midi. Dans un recoin verdoyant de l'Amérique, une petite fille et son grand frère, encore petit, se rendent à l'école — on le comprend à leurs cartables. Il y a, certainement, dans cette photo, un départ. Eugene Smith quittera sous peu Pittsburgh et sa famille pour s'installer à l'étage du Blue Note à New York, pour documenter l'âge du jazz en héroïnomane photosensible. Frère et sœur s'apprêtent à traverser un tunnel ménagé dans la futaie. Nous sommes en ville, à Pittsburgh pour être plus précis. Smith en a figé les industrieuses fumées dans plus de quinze mille clichés. Ces enfants, qui auraient pu être de la descendance de la femme de ménage, sont ceux du photographe.

On dirait Hansel et Gretel, prêts à traverser la porte verte et à passer sous la canopée du conte. C'est leur père pourtant qui entend la musique de Pan. Je crois me souvenir qu'au coin du tunnel verdoyant, un poteau nous rappelle que nous sommes encore en ville. Le nom de l'avenue : DREAM.

Mon souvenir d'emprunt constitue en fait une vision, où je superpose deux photos de Smith. Le départ des enfants date de 1956. Smith a photographié DREAM STREET un an auparavant, toujours à Pittsburgh. Une voiture noire repose à un angle sur le terre-plein d'un chemin boisé. Est-ce la même forêt ? Ses enfants perdus en ressurgiront-ils pour demander l'asile au voisinage ? À l'avant-plan, la boîte postale de fer blanc du 1517, sous le poteau de signalisation, qui nous donne clairement à lire DREAM. Le nom de l'axe perpendiculaire est illisible. Il s'agirait d'HARMONY, disparue en 1974 pour céder la place à une voie réservée à la circulation des autobus. DREAM STREET était à l'époque une extension de RIDGE, *la rue de l'escarpement,* destinée à accueillir un nouveau développement immobilier.

Ce recoin de Pittsburgh, semble-t-il, reproduit fidèlement la géographie symbolique de ma nuit à Cincinnati : DREAM STREET, rue de l'escarpement serpentant le long de sa falaise, l'image d'une forêt possible à ses pieds. Mais celui qui s'aventurerait aujourd'hui à Pittsburgh constaterait que DREAM et RIDGE ne sont plus que des « rues de papier ». Eugene est mort au fond de sa chambre noire. Les enfants ont grandi et ont dû se trouver de l'emploi. On a rasé la forêt du conte pour construire des bureaux pour les PME. Là où s'élevait la maison de la sorcière, un motel brille dans la nuit postindustrielle.

Qu'est-ce qui attend les enfants de l'autre côté de la porte verte ? Un lieu où leur histoire recommence. Il n'en revient qu'à nous, égarés dans cet âge adulte, d'en retrouver l'accès.

LA CLEF DES SONGES

Le garçon de la guérite, avec sa carrure de footballeur, comble ses temps creux en écoutant le match. Un autre match. Je réfléchis, en constatant l'abondance de l'offre des télétransmissions sportives, que les chaînes câblées conspirent, en entretenant ce loisir perpétuel, à détourner l'attention du citoyen de ce qui se passe droit devant ses yeux.

Ce garçon du peuple est un homme de peu de mots. Il faut dire que, comme la plupart de ceux qui assurent les fonctions pragmatiques du contrat social américain, il est *de couleur*. J'imagine qu'il est préférable de garder le silence lorsqu'on exerce un tel métier. Il est après tout raisonnable de croire que ceux qui se rendent dormir dans les zones limitrophes, désertées par les travailleurs à l'issue du neuf à cinq, brassent des affaires un tant soit peu louches. Le droit fédéral, pour qui un suspect demeure coupable jusqu'à preuve du contraire, mine l'innocence du rêve. Tout ce qui est dit dans un contexte commercial pourrait être retenu contre nous. Selon les avocats de la partie patronale, le doute est donc l'attitude raisonnable à adopter dans les tractations de tous les jours. *Voici les clefs du royaume, jeune homme. Fais-toi confiance. Dans les yeux de la loi, tu ressembles à un étranger. Et ta peur des étrangers n'est qu'un droit que tu t'enlèves à toi-même.*

Qui suis-je pour remettre en question la morale de l'Empire? Alexis grimpe dans la Blue Rider, s'installe sur le strapontin, pour une dernière ballade de biais à travers le paysage américain. Je devine, alors que nous nous apprêtons à sortir du stationnement, le chariot de la femme de ménage au pas d'une des portes numérotées. Là voilà, traçant une tangente dans la neige. Elle a le teint foncé du jeune homme de la guérite. Je me dis que c'est peut-être une relation familiale.

Je ne me souviens déjà plus du numéro de ma chambre. Elle y entrera comme on visite la scène d'un crime. S'absenter en pensée est le meilleur moyen de survivre à la morale de chaque jour. Avoir peur est une excellente raison de demeurer en place. Bonne chance à toi, ou à vous deux. Ne vous méprenez pas. Je ne crois pas comprendre. Je sais seulement qu'il n'est pas donné à tous de s'aventurer sur la rue des rêves, de se risquer à emprunter la voie royale qui mène hors du doute raisonnable.

LES OISEAUX AUGURAUX

Peu importe l'abondance des chaînes câblées. Les bulletins de nouvelles du matin n'ont dit mot des oiseaux canadiens qui nous ont suivis jusqu'ici sous couvert de la nuit. Au croisement des bureaux voisins du motel, un vol de bernaches entrave le passage de la Blue Rider.

Les oiseaux ont atterri pour se sustenter dans le stationnement de la compagnie d'assurances. Ils font la queue-leu-leu au milieu de la rue, attendant que vienne leur tour de picorer les mûres du bosquet. Les courtiers dorment encore. Ils ne pourront pas intervenir pour sauver leurs petits fruits de l'appétit des oiseaux migrateurs.

La volonté du vent a porté ces bernaches jusqu'à nous, sur l'escarpement des rêves. Les animaux savent mieux que nous s'abandonner à des forces qui les dépassent. Il est vrai que les anciens Romains, qui étaient de grands juristes, déchiffraient l'avenir dans les entrailles des oiseaux sacrifiés. Ceux qui portent un secret dans leur ventre ne savent même pas savoir quelque chose. Les temps ont-ils tant changé? Dans la neige nouvelle, les pattes griffues des nouveaux augures dessinent des *v*, des *y* minuscules. *Before committing to anything, make sure you read the fine print*[11].

[11]   *Avant de vous commettre à quoi que ce soit, assurez-vous d'avoir bien lu les notes de bas de page.*

LE SOURIRE SUSPENDU

You've come to the end of the cheeseburger trail, time to say our goodbyes, et Vive la France! Nous revenons, en ce petit matin, à l'aéroport de Cincinnati, notre point de départ du soir précédent. Cette tricherie, nécessaire et excusable, permettra à Alexis de s'envoler vers la France et l'Auvergne. Après tout, le vent, qui est volage, revient lui aussi sur ses pas.

Mes photos de l'au revoir sont embrouillées. On y distingue cependant très bien le sourire d'Alexis. Dans l'une d'entre elles, il attend, debout dans la ligne d'enregistrement, bagages à ses côtés, visage tourné vers l'objectif. Le piqué de la photographie communique un mouvement à l'image, qui semble sur le point de se résorber dans la fluorescence crue des éclairages ou les mailles de la moquette industrielle. *J'ai été, je ne serai plus, ici. Ici qui est, qui est.* Il est temps pour Alexis de disparaître, comme le chat de Cheshire, son ravissement entier. C'est ainsi que je voudrais me souvenir de lui à ce moment.

Sur la piste d'atterrissage, les manches à air pendent, flasques, au bout des mâts. Le ciel est d'un bleu immaculé, glacé, parfaitement agencé au froid sec de la matinée. À l'horizon, les fumées des usines s'élèvent presque verticalement. Le vent se repose avant de reprendre le jeu. *Au revoir Alexis.* Il disparaît de l'autre côté du contrôle douanier. Pour rentrer à la maison, il contre la règle du jeu. Son avion volera contre le vent, brisant doucement le glacis du ciel. Chaque image en cache une autre. Son épouse et ses enfants l'attendent en Auvergne, dans la quiétude, le bonheur d'une photo de famille. Son sourire et les leurs, effaçant les frontières.

L'INVISIBILITÉ DU SOMBRE

Il y a toutes sortes de façons de devenir invisible. Quiconque se lave les mains dans les toilettes des hommes de l'aéroport de Cincinnati pourra lire, sous le témoin lumineux qui active le robinet, un étrange avertissement :

> DARK CLOTHING MAY
> NOT OPERATE FAUCET

Les agents de l'ombre et les personnes de couleur ne peuvent même pas se laver les mains ? Qu'est-ce que la couleur des vêtements a à voir avec l'hygiène des mains ? C'est habituellement leur mouvement devant l'oculus qui déclenche le tour de prestidigitation électronique qui active le robinet, et non pas la couleur des gens. Est-ce le miroir qui nous regarde, dans cet aéroport ?

Men in black. Uniformes de douaniers, complets de la bande à Capone, des hommes d'affaires, des avocats et des agents d'assurances. *Hommes au noir.* Pauvres passe-frontières, forcés de se glisser aux États-Unis sous les auspices de la nuit, leurs noms rayés des formulaires officiels. En noir ou au noir, travailleurs de l'ombre : hommes de main ou hommes à tout faire.

Il faut se lever de bonne heure pour gagner son ciel, et l'habit ne fait pas l'homme. Bien que je porte encore mon bleu réglementaire — jeans, tricot, *peacoat* assortis —, le robinet tout de même opère. Très bien. Je demeure au-dessus de tout soupçon. Certains métiers, comme certaines pensées, en appellent à la plus grande discrétion.

La fabrique de l'ombre

Étais-tu conscient, Alexis, qu'on disait autrefois du Canada qu'il était le pays de la communication ? Je sais, je sais, il coûte beaucoup trop cher de faire fonctionner ton téléphone portable sous ces latitudes. Mais te souviens-tu ? Te souviens-tu de Marshall McLuhan et de Harold Innis, de Marconi à Sydney, de Graham Bell à Terre-Neuve, du *Canadian Pacific Railway*, *Transcanadian from coast-to-coast*, *Ess-are-cee*, Cébécé, d'Expo 67 *the best ever* et des *Blackberries* de Waterloo ? Autrefois, les miséricordieux régiments canadiens guerroyaient pacifiquement, coiffés de casques bleu ciel, prêtant main-forte aux sinistrés, sans décocher une seule balle.

L'absence de dépenses militaires et la vaste étendue du pays confinaient à l'invention.

Autour du monde, on sait très peu de choses du Canada, sauf que nous avons bonne réputation. Pays grand et froid, il est temps que tu fasses un homme fort de toi. Ces jours-ci, les troupes du Canada néoconservateur épaulent les guerriers d'Afghanistan. Les nouveaux politiciens rêvent de gloires belliqueuses. Je me souviens. Te souviens-tu de Janusz Żurakowski, en 1952, brisant le mur du son à bord du AVRO CF-100 ? C'est le premier avion de combat canadien et il ressemble, avec son fuselage noir, zébré d'un éclair blanc, à un requin volant. Capable de fonctionner dans tous les climats, il sillonnait le ciel arctique, le long du Distant Early Warning Line — la ligne DEW, qui nomme la rosée mortelle d'une aube nucléaire. Te souviens-tu de l'intercepteur CF-105 MK, un prototype de chasseur supersonique dont on ressasse encore le deuil ? Oh Canada, mon Canada, tu entretiens d'étranges nostalgies.

Dark clothing may not operate. Un constructeur aéronautique britannique, A. V. Roe, installe une *shadow factory* — le terme désigne une opération militaire, fonctionnant sous alibi civil — chez National Steel Cars Ltd. d'Hamilton, pour construire des avions de guerre en toute sécurité, loin des bombes qui pleuvent sur l'Angleterre. La fabrique de l'ombre est nationalisée en

1942, trois ans avant la victoire, sous le nom de Victory Aircraft Co. Au milieu des années cinquante, A. V. Roe camoufle son nom sous un acronyme. La compagnie se nommera AVRO, comme un superhéros, un espion ou un travailleur au noir adopte une identité d'emprunt. Avec ses cinquante mille employés, l'AVRO d'A. V. est une des trois plus grandes compagnies au Canada, et une des plus grandes entreprises au monde. Citizen Roe et son armée de l'ombre construisent des ponts, creusent des mines, façonnent le métal de toutes les façons utiles à la civilisation. Aussi, ils inventent des voitures à la carrosserie circulaire à la mode des soucoupes volantes, de rutilants avions de passagers, un bolide volant qui ressemble un peu à un ongle.

Le 4 octobre 1957, le jour même où Spoutnik plane le long de l'orbite terrestre, le premier prototype de l'intercepteur CF-105 MK prend son envol. Cet avion supersonique est un des engins guerriers les plus perfectionnés de l'époque. CF c'était pour Canadian Fighter, peut-être ? Le 20 février 1959, le gouvernement fédéral en suspend la production. Sa guerre est ailleurs : aujourd'hui, il n'y a plus que les philatélistes pour se disputer la possession du timbre-poste qui en commémore l'invention.

La disparition de l'avion guerrier, et de l'espoir hypertechnologique qu'il motive, marquera le début du déclin de la compagnie. Les ingénieurs de pointe, venus du monde entier, se dispersent de nouveau aux quatre vents. À l'avenir, ils pourront s'occuper à inventer des robinets automatiques ou des miroirs qui signalent les habitudes vestimentaires suspectes en refusant l'accès à l'eau courante à ceux qui les entretiennent. Des années plus tard, on fait appel à un de ces héros de rechange que sont les acteurs américains. Dans une adaptation cinématographique de ce drame d'industrie, commandée par la CÉEBÉECÉE, Dan Aykroyd, garçon d'Ottawa, revenu par pure politesse canadienne de Chicago, New York et Hollywood, joue le rôle de l'ingénieur en chef. Nous sommes en 1996. Loin au nord, l'AVRO n'en a plus que pour un an à patrouiller la ligne de rosée. Le mur a tombé. L'aube rouge ne viendra pas.

Le vol en *V* des bernaches continuera d'apparaître dans le ciel des villes au sud. On peut faire confiance aux oiseaux auguraux, qui savent d'instinct que ces avions guerriers n'avaient pas d'avenir, que la fumée des usines remonte des profondeurs du passé, et que la rosée et les ombres n'appartiennent qu'aux voleurs d'aube dans leurs costumes d'emprunt.

TRAIN BLEU

Escale à Connersville. Nous garons la Blue Rider devant la prison municipale, qui propose des espaces de stationnement gratuits aux visiteurs du dimanche. Elle s'élève, incongrûment, entre la place principale de la ville et un passage à niveau. C'est une structure basse, de brique pâle, à la façade aveugle. Ses fenêtres de verre noir renvoient à la Blue Rider sa propre image. Derrière, les détenus dépités s'appuient mélancoliquement aux fenêtres. La perspective honteuse ou défiante du prisonnier est semblable à celle de l'écolier mis au coin, exclu de la vie qui bat son plein autour de lui.

À un pas de là, un beau convoi bleu vient d'entrer en gare. Une file d'enfants en pyjama s'apprêtent à monter à bord. Les États-Unis sont un pays d'improbables entrepreneurs. Dans une clairière proche, des ferrovipathes ont construit une réplique grandeur nature du *Polar Express*. Ce conte illustré de Chris Van Allsburg (1985), dont Hollywood a produit une version de synthèse (2004), est l'épopée d'un garçon dubitatif, qui assujettit l'évidence de Noël à la doctrine du doute raisonnable. Un train accoste dans sa chambre pour remettre en question sa version de l'innocence et l'emporter en direction du pôle Nord. Il y rencontrera le père Noël et sa corporation de lutins industrieux. Le conte est illustré de magnifiques peintures à l'huile, *chiaroscuro* spiralé des neiges nocturnes, apparitions fugaces d'animaux nordiques, pelisses et boiseries d'ateliers scandinaves.

Je me souviens très bien du livre ; à une époque, j'avais même accroché un poster de la locomotive du conte à la tête de mon lit, dans l'espoir qu'il s'arrête chez moi en chemin. Je n'ai pas vu le film, réalisé par Robert Zemeckis, surtout connu, dans le passé proche, pour son œuvre du futur antérieur, *Back to the Future* (1985). Je crois me souvenir que le directeur des entreprises Nicolas y est campé par le père Hanks. On lui permet, pour des raisons monétaires, tout ce qu'il y a de plus adulte, de voler la tête d'affiche à son homologue enfantin. Lui doit, autant que possible, ressembler à n'importe lequel des membres de son auditoire.

Noël est dans un mois, ce qui n'empêche pas un enfant d'y penser à tout moment. Ce dimanche, tous les petits de Connersville sont invités à jouer en même temps le rôle du héros de Van Allsburg. N'allons cependant pas croire que la vie adulte amplifie les privilèges de l'individualité : il y a de nombreux chemineaux autour des rails — on les reconnaît à leurs salopettes bleues. Beaucoup d'entre eux disposent d'amplement de temps pour se permettre de papoter avec des étrangers de passage. Patrick est parti capter des images du convoi avec sa caméra. J'aborde un des chemineaux pour m'enquérir de la situation. Il m'explique le scénario alors que nous regardons les quatre Père Noël de service embarquer. On servira aux petits de Connersville du chocolat chaud et des biscuits alors qu'ils serpenteront vers le prochain village, Metamora. À mi-chemin, au milieu des bois, une surprise les attend : les gars de Connersville y ont construit une réplique du village du pôle Nord. Ses visiteurs seront-ils convaincus de l'existence du Père Noël — qui serait, comme dieu, un homme divisé en plusieurs personnes — ou de l'application des adultes à détourner le cours de la réalité ? Peu importe la conclusion qu'ils en tireront, ils se souviendront du geste de leurs parents.

Je ne dirais pas non à une tasse de chocolat. Il fait froid, et la buée qui s'échappe de nos bouches rivalise avec la fumée des engins. Mon confident m'explique que le projet n'en est pas à sa fin. Dans la forêt se trouve une ancienne gare de triage, équipée d'une de ces plaques tournantes où les locomotives pivotent pour s'accrocher à un nouveau convoi et s'aventurer le long d'une autre ligne. Ils comptent la remettre en état l'année prochaine. Connersville, Metamora, où encore ? Je songe à la lourdeur des locomotives, à la légèreté de la Rose des vents, et j'envisage les ruines de Rosetown, capitale des vents, perdue au cœur du cœur de ce pays. Et je me demande si c'est dans une ville désœuvrée ou une ville véritablement heureuse que je viens de poser le pied.

Le train bleu entame sa lente accélération, laisse échapper un filet de fumée, un coup de sifflet, et file vers Metamora. J'aimerais bien voir le village du pôle Nord, mais ce n'est plus de mon âge, et nous avons beaucoup à faire. Console-toi, Daniel. La Blue Rider est un jouet magnifique. Patrick me rejoint, et nous retournons vers le stationnement. À mon sens, *métamore* pourrait bien désigner une des figures d'une rhétorique perdue, propre à suggérer les échappées miraculeuses, les élans de vie ou de mort, qui emportent le monde avec eux. Détourner le train polaire, s'arrêter en pleine forêt, se disperser, librement, dans toutes les directions, pour redevenir autant d'enfants sauvages, libérés des contraintes de la vie adulte. Les prisonniers d'à côté ne sauraient rêver d'une plus belle évasion.

LA RÉGION CENTRALE

À l'aube sur Dream Avenue, sa carrosserie recouverte d'une mince pellicule de givre, la Blue Rider semblait une chose précieuse, brillante sur l'écrin de velours blanc du stationnement. À l'aéroport, le froid étale une couche de diamants sur les pistes. Dans mon rêve oublié, Al Capone glisse un jonc de glace au doigt de la femme de ménage la plus triste du monde. *Baby, you'll need more than love to step across this line.* La vie a tant besoin de ces chansons que l'on n'écrira jamais.

En reprenant la route au petit matin, nous tentons de déchiffrer le bulletin météorologique sous la friture qui hante la radio à ondes courtes. Un signal perce faiblement à travers la statique : la Région centrale est épargnée par l'immense masse nuageuse, gonflée de neige, qui plane sur le reste du pays. Le vent a porté les traces de ces remous climatiques jusqu'ici. Les champs de maïs qui quadrillent le territoire sont recouverts d'une mince pellicule de frimas. Jusqu'aux derniers rayons du jour, les épis alignés brilleront d'une radiance surnaturelle.

De temps en temps, nous devrions nous arrêter au carrefour des champs, entre les tiges gelées, impassibles à l'action du vent, pour vérifier si nous cheminons toujours en accord avec lui. Lorsque nous reprenons la route, je me détourne de l'albédo des plaines en fixant la silhouette de la girouette glissant à nos côtés, projetée sur l'asphalte. La neutralité apparente du paysage stimule la libre association. Nous promenons notre coq bidimensionnel au pied du camion, et je note l'absence des bovins dans les champs. C'est alors que je me souviens soudainement qu'Alexis, devant son ultime *rib steak,* a affirmé : « La viande te donne le goût de manger de la viande. C'est pourquoi on en donnait aux boxeurs. »

Nous sommes, dans cette région, dans ce régime, en plein territoire tautologique. Les champs succèdent aux champs. Les routes sont presque désertes. Un camion qui nous croise n'est pas aussitôt disparu que nous mettons en doute son passage. À au moins trois reprises, nous croisons des véhicules en tous points identiques au nôtre. Leurs conducteurs doivent être habitués à ces routes. Ils nous dépassent à toute vitesse, sans que je parvienne à distinguer le nombre et la nature des passagers. Mieux vaut détourner les yeux vers l'asphalte, le coq d'ombre à nos pieds, que de risquer de croiser mon propre regard.

CAVALIERS BLEUS

La Ford Ranger bleue acquise par Patrick aux fins du *Projet Ventury* est un véhicule conçu à l'époque de notre adolescence émergente. De janvier 1982 à décembre 2011, on en a fabriqué par centaines de milliers au Twin Cities Assembly Plant, à St. Paul. Au moment de sa fermeture, c'était la plus vieille usine encore opérante de la corporation. Tout au long du 20e siècle, on avait vu défiler hors de ses portes des classiques américains : la Model T et sa version camionnette, la Sportsman, la Galaxie, la LTD et la Ranger. Il y a des gens pour qui cela veut tout dire, ou presque. Nous ne savions pas, au moment de partir, que la Ford Ranger était devenue, au cours des années 1990, le camion le plus conduit d'Amérique ; que le choix de Patrick avait, en quelque sorte, été inconsciemment motivé par la *reconnaissance* d'une image américaine.

Si on en croit (comme c'est trop souvent le cas) les statistiques, le bleu est la couleur préférée la plus préférée du monde. Cela dit, les fabricants automobiles, jamais en reste de clamer l'individualité de leurs clients à leur place, avaient cru bon de qualifier le bleu profond de la Blue Rider *midnight blue, bleu de minuit*, pour mieux s'accorder aux couleurs du rêve américain. La manche à air et la girouette n'en acquièrent que davantage de distinction.

Le choix d'un modèle bleu par Patrick ne pouvait que décupler la probabilité de croiser sur le damier des Prairies un camion identique au nôtre. La Ford Ranger, camion archétypal et ubiquitaire, parfaitement agencé à la répétition des routes, au tressage infini des grands espaces, roule à plusieurs endroits en même temps, accusant les ressemblances et les rapprochements, qui me semblent les lointains descendants des antiques idéalités. Le vent venturyen remonte de loin.

On fabrique notamment une variété de la Ford Ranger en Argentine, pour les *gauchos*, ces cowboys antipodaux. Eux aussi acceptent parfois de troquer selles, éperons et montures pour des fauteuils rembourrés, des moteurs à turbo-injection et des chevaux-vapeur (si on les assure, bien sûr, que la masculinité de leur image n'en sera pas remise en question). Il faut aussi savoir, pour se faire une idée plus juste de la quintessentielle américanité de ce camion, que la Ranger recouvre une identité secrète. Son ancêtre immédiate est née en 1972 au Japon, par la grâce de la corporation Mazda, alliée de Ford à l'ère du marché mondial. L'usine où elle a vu le jour est située dans la préfecture d'Hiroshima, à proximité de la zone des irradiations américaines. Elle occupe depuis le début du 20ᵉ siècle le site d'une ancienne culture de sel. Libre à vous d'établir des parallèles entre la salaison brûlante des plaies, la chimie des larmes et la lumière fatidique du nucléaire. Quand elle ne se savait pas encore destinée à céder la place avec une politesse des plus nipponnes au camion américain, l'aventureuse *Ranger* se nommait humblement *Courier*.

Le modèle acquis par Patrick date sans nul doute de 1986. C'est l'année où on tente de séduire les acheteurs par une extension de dix-sept pouces (quatre cent trente-deux millimètres) de la cabine du véhicule.

L'ajout de strapontins, disposés perpendiculairement à la route, et pouvant accueillir les voyageurs de fortune, les journaliers sans monture et autres inférieurs en force, est optionnel. Comme dirait le vendeur, il est des choses dont on ignore tout avant d'en faire réellement l'expérience. C'est parfois le cas des camions.

Ma première rencontre avec la Blue Rider date d'avant sa mutation glorieuse. Nous venions de partager, avec Anouk Pennel, garçon au nom commun de fille, designer graphiste à la silhouette singulièrement effilée, aux cheveux tout aussi fins et aux idées assorties, l'ambition de lui donner du panache. Dominiq, qui ne disait mot, un sourire béatifique aux lèvres, était aussi là, déjà à attendre le moment du départ. Autour d'une bière de circonstance, Patrick nous décrivait le camion. Il fallait partir de Chicago, parce que son nom. S'en tenir au vent. À lui seul. Comme à nous-mêmes. Et si les courants aériens nous poussaient jusqu'à la mer, nous trouverions le moyen de flotter. Anouk entrevoyait-il ce *V* véloce dont il allait coiffer l'impuissante girouette de la Blue Rider ? Et moi, avais-je déjà décelé le nom du camion dans quelque repli de la conversation ? À minuit, nous quitterions la taverne pour rejoindre le véhicule de l'aventure, encore inconscient de son nom et de son destin d'image. Il nous apparaît sous la lumière d'un réverbère, bleu minuit dans le bleu de minuit de la Petite Italie de Montréal.

C'est le camion le plus populaire des États-Unis. Il est aussi léger que les images qui nous ont précédés jusqu'ici en pensée. Nous nous fondrons avec lui dans les airs.

RETOUR SUR SOI

Lorsque nous quittons enfin les prairies et atteignons les périphéries urbaines, Patrick et moi partageons l'impression distincte d'être de retour au Québec, dans les Cantons de l'Est. Tout se passe comme si nous n'étions jamais partis, que les roues du camion tournaient à vide dans l'immensité répétitive des champs. Un mauvais sort, dont la force déjoue la volonté du vent, nous de nouveau portés vers la maison qu'habite Patrick à Waterloo. Nous nous y garerions, par dépit, dans l'arrière-cour où la Blue Rider, jadis, attendait son couronnement et le moment du grand départ. Les repères sont familiers. Nous espérons une occasion de briser le mauvais sort en effectuant un demi-tour devant le parvis des églises.

Ce n'est qu'au crépuscule que la girouette s'exorcisera de son ombre errante, qui est un peu, aussi, celle du vent. L'horizon s'empourpre au bout des routes de campagne, flamme appliquée à la dissolution du frimas. La radiance du ciel éteint la brillance des blés.

Nous ne sommes pas seuls. Huit avions de chasse tracent des traînées diffuses. Nous voient-ils les voir? Ils glissent dans le rougeoiement du soir, nous le long de discrètes et mystérieuses lignes d'univers, alors que nous filons, le long des axes du cadastre, vers la cité d'Indianapolis, métropole du Midwest, surgie du patron atemporel des champs.

La ville quadrangulaire

Indianapolis au milieu des blés quadrillés est une cité quadrangulaire. Le vent y circule à angle droit.

Sur la carte, elle ressemble à une toile de cuir tendue par les lacets des routes qui convergent vers elle. Les colonisateurs l'ont troqué aux Miamis et aux Lenapes, qui ont quitté les environs dès le début du 19e siècle. Le nom simplet de la capitale, composite d'un idéal indien déplacé et de gloriole néo-hellénique est tout ce qu'il y a de plus américain[12]. Le dessin original de la ville devait tenir dans un carré d'un mille carré, érigé autour d'un cirque central, où s'élevait jadis la résidence du Gouverneur. Depuis 1857, un viril obélisque à la mémoire des

12   Avant la *métropole d'Indiana*, la capitale de l'état était Corydon,
      nom d'un bucolique berger dont les amours pour un garçon sont
      chantés dans les pastorales de Théocrite et Virgile. Je suppose que
      cette rectification est issue du même élan viril qui a présidé à la
      relocalisation forcée des tribus locales. Les Lenapes, aussi connus
      sous le nom de Delawares, et les Miamis, après tout, indiquent la
      voie à suivre vers des états lointains.

soldats et des marins disparus domine le *Circle*, épicen-
tre de la ville où se croisent ses deux axes principaux :
Meridian, la Méridienne, sur l'axe nord-sud, et Market,
la rue du Marché, d'ouest en est. Les plaques d'imma-
triculation révèlent que l'Indiana est le carrefour de
l'Amérique, *The Crossroads of America*. Indianapolis est,
de toutes les capitales américaines, celle qui est posée
le plus près du centre de son état. S'étonnera-t-on que
tout y reflète une certaine rectitude ?

Nous avons assez d'argent de poche pour garer
la Blue Rider au pied du monument et nous permet-
tre une petite promenade à l'air libre. Patrick et moi
partons en sens inverse — horaire, antihoraire —,
histoire de nous dégager de notre proximité obligée
et de déprogrammer le schéma obsessionnel que les
champs ont déposé en nous. La symétrie d'Indianapo-
lis provoque des pensées égales. Nous nous arrêtons,
chacun de notre côté, à un guichet automatique. Et
nous nous retrouverons, au point de rencontre, avec

un espresso en main. Deux petits gestes civiques pour se lester de notre incarcération automobile. Je remarque que l'obélisque qui domine le *Circle* est percé, sur sa longueur, de quelques petites fenêtres. De tels détails, dans un cadre monumental, me donnent toujours l'impression que quelqu'un habite à l'intérieur. La statue solitaire perchée au sommet est seule prisonnière de l'objet. Elle semble prête à s'envoler pour rejoindre le vent.

LA MÉRIDIENNE

De retour à bord de la Blue Rider, nous tournons autour du *Circle* pour rejoindre Meridian Street. C'est toujours soir de match ; une rencontre de niveau collégial, dont nous ignorons encore une fois l'enjeu exact. Les rues du centre-ville sont engorgées. Malgré la fatigue, nous sommes heureux de nous mêler à la trombe émotive qui traverse la ville.

Au milieu du trafic, la Blue Rider et sa girouette n'échappent pas à l'exaltation des fans. Le géant en jersey de football qui pilote le pick-up bondé à nos côtés mime d'abord sa question à travers la fenêtre. J'ai la tête ouateuse et les idées crépusculaires. Je n'arrive pas à lire sur ses lèvres. Je redoute quelque accident insoupçonné, un bris à la carlingue, ou une entorse au protocole routier. Il me fait signe de baisser ma fenêtre. Je m'exécute. Une bouffée d'air frais me permet de m'éveiller à la situation. La densité assourdissante de la circulation, si elle nous contraint à dialoguer en criant, est néanmoins propice à un brin d'intimité.

— *What's that on the roof?*

— *A weathervane!*

— *Why does it say 1, 2, 3, 4?*

Bonne question. C'est le décompte d'un départ, peut-être ? Des points cardinaux pour les esprits cartésiens qui cherchent à se retrouver au milieu de nulle part ? De toute évidence, il connaît son affaire. Cet amateur de football est peut-être un garçon fermier. Je pense trop. Je n'ai pas le temps de répondre.

— *Well, we're moving, and you have to be stationary to read the wind!*

Good point. Well, I guess we were not thinking straight. Le trafic se remet à bouger. Il rit de bon cœur, et Patrick me tend un de nos signets aux couleurs du vent pour que je puisse le passer à mon interlocuteur. *Here's your ticket.* Bon match et merci pour la conversation.

Science naïve
(scientia simplex)

Le coq de fer de la Blue Rider excède de peu la limite de hauteur imposée aux véhicules qu'on désire garer dans les stationnements étagés du centre-ville. De toute évidence, la préposée ne travaille pas ici par vocation. C'est certes une fille solidaire : bien qu'exilée du match, elle arbore une casquette griffée et un polar de circonstance. Elle nous propose de nous aider à relever la lourde barre de métal suspendue à des chaînes qui bloque l'entrée. Dans notre état second, nous y croyons presque.

Prends sur toi, Daniel ! Coupons court à ces vains efforts de subversion du système. Je lui demande si elle sait où se trouve la gare Union. J'ai lu, dans le guide touristique qui nous accompagne, que cette ancienne gare d'Indianapolis a été transformée en hôtel[13]. Il serait possible d'y dormir dans des convois définitivement arrêtés aux quais. La préposée au stationnement nous explique qu'une rue dérobée, toute proche, mène à l'ancienne gare.

---

[13] La station centrale d'Indianapolis, inaugurée le 20 septembre 1853, était en fait la première *Union Station* des États-Unis. Ces terminaux ferroviaires, avec leurs allures palatiales, sont des sortes de parlements populaires, où toutes les classes sociales

sont appelées à se croiser. Les parquets des gares sont les hôtes d'une mouvance stochastique, moment de tous les mélanges, précédant au clinamen du départ et à la coupure des reclassifications. Au 20ᵉ siècle, Indianapolis serait connue pour sa royauté automobile : ses fabricants de voitures rivalisaient avec ceux de Détroit, et la ville où toutes les routes se croisaient deviendrait l'hôte des courses furieuses de l'Indy. Cherchant le repos de la Blue Rider, nous cherchions aussi à rejoindre le silence d'un ancien foyer d'invention civique.

Nous nous fondons de nouveau au trafic des foules. Le stade de football, un des multiples foyers de cette cité quadrangulaire, où l'on orbite d'angle droit en angle droit, est situé de l'autre côté des rails. N'arrivant pas à localiser notre destination, nous passons et repassons sous l'arche de pierre ménagée dans un long immeuble de brique. Nous avons perdu le compte de nos retours, devons de nouveau manœuvrer entre la foule fourmillante massée sous les halogènes au pied du stade. J'ai l'adresse, mais elle ne correspond à aucun des immeubles que nous croisons à répétition. La rue que nous cherchons semble avoir disparu. Le sommeil doit y être discret.

Des policiers motocyclistes bloquent l'accès à plusieurs des avenues. Lorsque nous interrogeons l'un d'entre eux, il nous indique que nous sommes sur la bonne voie et que nous n'avons qu'à retracer nos pas. *Keep moving.* Mieux vaut éviter les échanges soutenus avec les représentants de l'autorité. *Votre belle veste orange vous sied aussi bien qu'un uniforme d'officier.* Nous devrons enfin déclarer à un des brigadiers bénévoles qui contrôle le flot du trafic en ce soir de match qu'à cette heure le football universitaire n'est pas une priorité, que nous avons l'ambition de faire partie du *local traffic*, et qu'il devrait définitivement nous laisser nous glisser derrière le cône orangé où il monte diligemment la garde.

L'immeuble troué qui coupe Meridian à angle droit est en fait celui que nous cherchons. L'allée privée de l'hôtel est un îlot de quiétude au milieu du tumulte du centre-ville. Les majordomes désinvoltes, dans leurs redingotes bleu pâle, à l'apparence de la Blue Rider, affichent des sourires complices. Garer le camion ne nous coûtera qu'un pourboire.

— *I think we've seen the face of everyone who's going to the game.*

La demoiselle affable, dans un tailleur corporatif, assise bien bas derrière le comptoir de la réception, a aperçu le camion, avec sa crête de coq, passer par la fenêtre. Nous lui expliquons que nous suivons le vent.

— *Are you scientists?*

Les scientifiques ne courent pas les matchs. Ils réfléchissent à autre chose.

— *No... Well, maybe we're naive scientists.*

Nous nous lançons dans l'exposé du projet. Elle répond par un *cool* débonnaire ou un honnête *I still don't understand.*

— *Is it on the Discovery Channel?*

Sous ces latitudes télévisuelles, la conclusion semble inévitable. *Down here, everybody who is nowhere is somewhere on the Discovery Channel.* Je ne lui dis pas que j'ai parfois l'impression — en croisant, par exemple, ces chasseurs de l'ombre, surgis d'un passé disparu, à l'orée de la ville — d'être suivi par une caméra invisible. Elle nous confie qu'elle a vu un documentaire sur les *storm chasers*, ces chasseurs de cyclones et d'émotions fortes, et que nous leur ressemblons un peu. Le vent, mademoiselle, est une force tranquille, et la patience est une forme discrète d'héroïsme.

— *How can you afford this, then?*

PATRICK : *He is a writer. I am a visual artist.*

Je renchéris, en tentant de lui expliquer le socialisme canadien, la préhistoire de l'Office national du film, l'existence du Conseil des arts, qui n'est pas — ou pas encore — un poste de télévision.

Nous remarquons, au cours de cette agréable conversation, que le pouce de notre interlocutrice semble tronqué à la racine. Dans ce libre marché, les règlements d'assurance semblent stimuler la quiétude de l'âme. Nous sommes des scientifiques naïfs, et cette induction est un peu hâtive. Il faudra y revenir plus tard, quand nous disposerons de davantage de données.

— *You'll sleep in the Amelia-Earhart. It's on the second floor.*

Les gardiens d'un sommeil enchanté par d'anciennes héroïnes ont toutes les raisons du monde d'être sympathiques.

Le salut de l'Irlande

Lorsque l'on redoute, à l'issue des routes, la cuisine lourde des *greasy spoons* et des *diners* de l'ordinaire américain, il est toujours possible d'assurer son salut alimentaire grâce au pub irlandais local. Mes racines sont-elles aussi visibles ?

— *Hey guys, do you know where the restrooms are? I'm all liquored up.*

L'homme bouffi, tout sourire, trop soûl pour reconnaître nos accents étrangers, porte la tuque rouge des patriotes québécois. *What's the difference between looking like a local, and drinking like one?*

Il n'y a pas grand monde dans ce pub labyrinthique où s'additionnent les recoins boisés, mais il y a beaucoup de bruit. La lumière des téléviseurs atteint les banquettes les plus reculées. Il est impossible d'esquiver la rumeur ubiquitaire du match. Mieux vaut identifier nos priorités. Les esprits sportifs, à l'heure de vérité, oublient tout du Discovery Channel. Pour les chercheurs de vent, l'enjeu est domestique : l'arbitrage d'une bière, l'enjeu d'un *Irish Stew* ou d'un *Sheperd's Pie* éclipsent la lumière du match.

À BORD DU AMELIA-EARHART

— Ce soir, tu dormiras mieux.

Merci Patrick. Dream Avenue est loin derrière. La journée a été longue. Les ascenseurs qui mènent à l'étage complètent leur montée à travers des colonnades de verre. L'avenir est une substance transparente, reliant le présent au passé. Autrefois, les passagers montaient rejoindre les quais par les escaliers de fer forgé disposés des deux côtés du hall central. Les trains, entrés pour une dernière fois en gare, ne quitteront plus jamais les quais.

Notre wagon est garé du côté du stade. Nous redoutons que la clameur sportive de la foule ne perturbe nos sommeils. Il n'y a pourtant rien à craindre, les fenêtres du futur sont scellées aussi fermement que celles de n'importe quel motel corporatif. D'ailleurs, cet hôtel d'exception appartient aussi à une chaîne. De nos jours les équipes sportives et les hôtels sont ligués à leurs semblables par des raisons sociales. Les logiques réplicatives donnent l'impression de vérités inévitables. Le passé contient de nombreuses idées fausses de l'avenir. Les fenêtres hermétiques de l'hôtel donnent à leur tour sur les anciennes verrières de la station. Dehors, le stade brille silencieusement, au milieu de la foule fourmillante. Que font ces gens ? Ils vont au match. Ils y accèdent au repos des images.

Deux grands lits, deux fauteuils. Un élégant papier peint à rayures. Des portraits de l'aviatrice, sur la couverture d'anciens magazines. Sur un placard intitulé

Regulations For
Operation Of Aircraft

Les consignes 21 et 22 attirent particulièrement notre attention :

21. Pilots will not wear spurs while flying.
22. Do not use aeronautical gasoline in cars or motorcycles.

Les policiers, à Indianapolis, chevauchent des motocyclettes. Les cowboys, dans les champs autour de la ville, portaient des éperons à leurs bottes. Ils sont disparus à l'ouest avec les bovins, qui ont cédé la place aux troupeaux de cheeseburgers. Les hommes croient qu'ils sont de vrais hommes. Amelia, foulard et cheveux au vent, tu sais que tu es femme, et que l'on peut être davantage qu'un homme. Guettais-tu les trains, les motos, les chevaux en contrebas, quand flottait l'ombre de ton aéroplane sur les terres quadrangulaires?

Ce soir, si loin de Dream Avenue, il y a tant à rêver. Nous évitons d'allumer l'omniprésent téléviseur câblé, posé devant une des fenêtres sans issue. Je me demande si j'y trouverais, sur un poste perdu, une reprise de *The Wild Wild West*, diffusée depuis la station de mon enfance? Deux aventuriers — un *gunslinger* et un inventeur — sillonnent l'Ouest américain à bord d'un train privé, se livrant à des missions d'espionnage, et à l'occasionnel combat contre des forces extra-terrestres. Le Capitaine Nemo approuverait leur *lifestyle*.

En absence d'instructions du comité central, demain matin nous guetterons les oiseaux auguraux dans le ciel d'Indianapolis, mobiliserons de nouveau les ressources de notre science naïve, et partirons avec le vent dans n'importe quelle direction sauvage.

3

NORD-NORD-OUEST

Indianapolis à Chicago

Attends, Amelia

Au matin, après avoir fait nos bagages, nous nous retrouvons face à face avec l'aviatrice qui a involontairement légué son nom à notre chambre. Nous n'avions pas aperçu, dans la fatigue de la nuit précédente, ce portrait encadré derrière la porte. Il s'agit de la couverture d'un vieux numéro du *Pictorial Review*, où Amelia, aventureux bonnet de cuir sur la tête, sourire confiant sous pommettes saillantes, apparaît enrubannée des lettres déliées d'un grand titre :

Do Men Love the Women
They Are Sure Of?

La phrase bat au vent comme une écharpe de soie blanche à l'époque des cockpits ouverts.

Au moment où nous la découvrons cachée là, nous ne savons pas grand-chose d'Amelia. Un nom dont on a *vent*, dans lequel on voudrait faire tenir une vie entière. On dit qu'elle ressemblait, dans son blouson de cuir, avec sa coupe à la garçonne, sa mâchoire parfaite et son sourire d'une blancheur et d'une confiance déconcertantes, à Charles Lindbergh. En 1934, *Miss Lindy* sera la première à traverser l'Atlantique en solo. Cela nous le savons. Nous savons aussi que l'héroïsme est le chemin le plus sûr pour aboutir à la tragédie et au mythe.

Trois ans plus tard, elle s'égarera en mer, en tentant de faire le tour du monde à bord d'un Lockheed Electra 10E. Son seul compagnon est le navigateur Fred Noonan. Au moment de disparaître, ils se dirigeaient vers l'île d'Howland en Nouvelle-Guinée. Il est possible que leur écart soit dû à une perte de signal : l'Electra était muni d'une antenne radio Bendix dernier cri, aussi encombrante que la girouette de la Blue Rider. Fixée sous le fuselage de l'appareil, elle aurait été arrachée au moment du décollage, ou par l'inclémence des vents. La dernière transmission d'Amelia, après avoir annoncé sa position, et promis de répéter son message, est *Wait*.

Amelia, qui a fini par échouer près d'Oz, aux antipodes, était comme la Dorothée de Lyman Frank Baum, une petite fille du Kansas. Elle était attirée par la vitesse et le ciel, assez courageuse pour braver les cyclones et l'étrangeté du monde. Vivre sa vie comme une fiction comporte des risques mortels. Il faut d'abord pouvoir se donner un nom de personnage, puis une image de héros. Dès le plus jeune âge, *Milley* ou *Millie* — ça ne s'écrit pas, ça se dit — qui n'arrivait pas à prononcer son propre nom, s'en est inventé un autre. Sa petite sœur, Grace Muriel, sera *Pidge*, la pigeonne. Leur mère les encourage à porter des *bloomers*. Le pantalon ne fait pas l'homme, bien sûr, mais presque. Pidge s'engage, à la suite de son aînée, dans des jeux de garçons.

Wait, Milley, wait. Une mort-née, qui demeurera sans nom, les précède.

Son père, d'abord, est avocat des chemins de fer. Il avait dû prouver son amour. Il n'y survivrait pas. Il transite de ville en ville, à la recherche d'une situation. Il a du talent pour perdre son emploi. Il se révélera alcoolique. La mère est féministe. Le divorce sera consommé en 1924. Les petites filles sont élevées et éduquées par leurs grands-parents. Leur grand-père est juge et banquier. Sa grand-mère est avec lui. Il décède et elle suit, avant la fin de l'enfance. La propriété familiale est mise aux enchères. La maison envolée, l'enfance finit.

Cyclone dont l'œil est le Kansas : Atchison (KS), Des Moines (IA), St. Paul (MN), Springfield (MO), Kansas City (KS), Los Angeles (CA), Chicago (IL). Amelia graduera enfin d'une école secondaire de Hyde Park, banlieue de la ville des vents. Dans son album de finissants, elle fait inscrire, *A. E. — The girl in brown who walks alone.* Sa vie brune prend un tournant transcanadien. Elle rejoint sa sœur à Toronto, devient infirmière, contracte une pneumonie, est alitée une année durant, apprend le banjo et la mécanique, et sera affligée, sa vie entière, par des sinusites chroniques, accompagnées de puissants maux de tête. À l'exposition nationale canadienne, Amelia et une amie se rendent dans un champ à l'écart pour mieux admirer les prouesses d'un as de la Première Guerre. Il les aperçoit, plonge droit vers eux. *Wait.* Amelia ne bouge pas. Elle ne sait pas pourquoi. Elle croit entendre l'avion lui murmurer un secret. *Cary Grant's got nothing on this lass.*

Noël 1920. Le père d'Amelia, qui, tout de même, est capable d'idées charmantes, amène sa fille en visite à Long Beach, pour l'inauguration d'un nouvel aérodrome. Trois jours plus tard, dix minutes de vol avec l'acrobate aérien Frank Hawks confirment sa vocation. Photographe, camionneuse, sténo. Elle met de côté mille dollars pour des leçons avec l'aviatrice Neta Snook. Prend l'autobus jusqu'à l'extrémité de la ligne, marche quatre milles avant chaque leçon. L'avion d'entraînement est un modèle canadien, le Curtiss JN-4 « Canuck ». C'est alors que Millie se coupe pour la première fois les cheveux à la garçonne. Pour la forme, elle dort trois jours dans son nouveau blouson de cuir. Seconde peau. En 1922, elle achète son premier appareil, un Kinner Airster jaune qu'elle baptise *The Canary.* Dès l'année suivante, elle bat à son bord le record d'altitude féminin. On se souviendra que le canari est ce téméraire et fragile animal que les charbonniers transportaient dans la poche de leur survêtement, afin de mesurer les risques d'intoxication au méthane — le volatile mourrait avant eux, et ils pourraient ainsi détecter la menace inodore, déserter à temps les tunnels. La découverte du pouvoir invisible des antibiotiques l'aurait beaucoup aidée à calmer sa sinusite. Les intoxications de la maladie, qui rejoignent parfois celles du mythe, indiquent le chemin le plus court pour sortir de la réalité.

L'investissement désastreux de l'héritage grandparental dans une mine de gypse laisse la famille sans le sou. Elle vend l'avion et achète une petite décapotable deux places dans les mêmes tons, *The Yellow Peril*. Elle propose à sa mère d'exorciser son divorce à travers un voyage transcontinental. Autre péril jaune : elle subit des opérations pour extraire le mucus qui s'accumule en elle. Aboutit au Massachusetts. Exerce les métiers alors accessibles aux femmes : professeure, travailleuse sociale. S'implique dans l'aviation locale. Pilote le premier avion à s'envoler du nouvel aéroport de Denison. Devient une sorte de célébrité.

Nous sommes en 1927. Le colonel Charles Lindbergh effectue son vol transatlantique à bord du Spirit. Dans l'année qui suit, des promoteurs approchent l'as des airs Amy Phipps pour lui proposer de devenir la première aviatrice transatlantique. Elle décline l'offre mais se propose d'aider à trouver « une autre fille avec la bonne image ».

Avoir un nom. Devenir une image. Un après-midi d'avril 1928, Mlle Earhart reçoit un appel du futur. Elle sera passagère du Fokker piloté par Wilmer Stultz et le mécanicien Louis Gordon, qui s'envole de Terre-Neuve, le 17 juin 1928, pour atterrir, vingt heures plus tard, au Pays de Galles. On invite la première aéronaute atlantique à accomplir des tâches secrétariales en plein ciel — elle tiendra le journal de bord. À son arrivée en Angleterre, l'aventurière, frustrée de son destin d'image, compare l'expérience à celle d'un sac de patates en transit. Elle se promet qu'un jour, elle essayera seule. S'empresse d'emprunter l'Avro Avian d'une admiratrice anglaise pour démontrer ses prouesses. Ce biplace de la compagnie britanno-canadienne est l'avion de plaisance le plus chic de l'époque.

C'est alors qu'on commence à dire de Mlle Earhart qu'elle ressemble à Lindbergh, et qu'on l'affuble du surnom affectueux de *Lady Lindy*. Un des promoteurs du projet, l'éditeur et publiciste George Putnam, négocie en son nom des contrats de publicité. Il construit son image publique, l'enjoint à dissimuler sa dentition ébréchée, lui propose six fois de la marier. En 1931, elle accepte *a partnership with dual control*. Cigarettes Lucky Strike, lignes de vêtements, bagages *Modernaire Earhart*, couvertures de magazine. *Do men love the women they are sure of?* Le couple déménage en Californie, où GP assume la direction du contenu à la Paramount. Qui veut jouer le rôle des petites sœurs et des navigateurs de bord ? Personne n'est sûr de rien, Mr. Putnam. Où est Howland ? Amelia Millie Lady Lindy a vécu la vie que Rose souhaitait, souhaitait. Elle est disparue parmi les images, invisible au milieu des vents du Pacifique, derrière la porte d'un train qui ne va nulle part.

ATTENDS

Cette gare sans arrivée ni départ n'est plus qu'une idée d'elle-même. Chacune des chambres de chacun des wagons figés à quai doit contenir de semblables mémentos, scellés sous verre. Elles empruntent leurs noms aux images des grands disparus. Harry Houdini, Marilyn Monroe, Joe Dimaggio, *where have you gone? A nation turns its lonely eyes to you.* Ces portraits du passé rappellent aux passagers de fortune qu'ils sont captifs du temps, qu'ils auront beau scruter la mer ou la ligne d'horizon des blés, le petit point noir de l'avion d'Amelia n'apparaîtra pas au loin, de retour de l'Atlantique, pour nous faire croire aux miracles. En ce petit matin du temps, nous refermons la porte du wagon, laissons derrière nous les traces d'une autre grande époque, que nous n'avons pas vécue, mais dont nous entretenons le sentiment. L'immensité des vents ne comblera pas les béances du temps. De cela au moins nous pouvons être certains. *We Too Will Love Nothing We Are Sure Of.*

Jours de tonnerre

Nous avons rejoint, le long de la route, des replis cachés de nos mémoires. Patrick et moi partageons une pensée. À notre entrée à Indianapolis, ville de course, la lumière de fin d'après-midi semble rescapée d'un film de notre adolescence. *Days of Thunder* (1990), l'épopée automobile de Tony Scott, mettait en vedette Tom Cruise en pilote ambitieux, et la jolie Kelly Lynch[14].

[14] Kelly Lynch était certes jolie, mais ce n'était pas elle. J'ai récemment eu l'occasion de vérifier qu'il s'agit en fait de Nicole Kidman, qui était alors la promise de Tom. C'est Kelly *McGillis* qui, quatre ans plus tôt, était l'objet de son affection d'as aérien, dans *Top Gun* (1986). Tom se mérite, pour *Days of Thunder,* un crédit au scénario. Nicole ne s'éclipserait de sa vie que dix ans plus tard, peu après le tournage d'*Eyes Wide Shut*, drame prémonitoire de Stanley Kubrick, qui semblait préfigurer l'échec de leur mariage, et de *The Hours*, où Nicole incarnait Virginia Woolf, sombrée hors de soi les poches pleines de cailloux. Les opinions divergent aujourd'hui sur l'héroïsme de Tom, croisé de l'église de scientologie. Tony Scott, cinéaste d'action, s'est quant à lui lancé en bas du pont Saint-Vincent, en 2012. On l'a vu, aux bulletins de nouvelles, enjamber une clôture, puis disparaître après avoir garé sa voiture, dans l'œil impassible d'une caméra de surveillance. L'arc tragique d'une vie suit des trajectoires insoupçonnées. Nicole, qui demeure une des

actrices les plus en vue du monde, s'est remariée à la catholique avec un musicien country. *We know nothing we are sure of.*

Les héroïnes féminines de nos adolescences, nos amours de toujours, brillaient dans un film ou deux, avant de s'éclipser à jamais, *a long time ago, forever and after*. Les héros masculins, eux, continuaient de grandir avec nous, de film en film, jusqu'à ce que nous ne reconnaissions plus en eux, ou que nous perdions de vue nos rêves de devenir *un autre*.

Au signal de départ, Tom Cruise troque sa combinaison de pilote pour devenir scientologue. Nous le laissons loin derrière, mordre la poussière. Ces rôles qui ne sont pas devenus les nôtres nous ont guidés jusqu'ici, dans la lumière résiduelle de l'inconnu, qui ne semblait exister qu'au cinéma. On ne sait la rejoindre que quand il est déjà trop tard.

NOTRE ANCÊTRE COMMUN

Tom ne vieillit pas seul. En arrivant en Indiana, j'ai une pensée affectueuse pour le Dr Jones, idole du temps où l'archéologie me semblait un métier d'avenir, en particulier si on pouvait l'exercer à la Han Solo, garer le

Faucon millénaire dans un recoin de l'impossible pour s'aventurer, fouet en main (et fille à l'appui), dans un passé de fabrication. Si j'ai bien suivi le déroulement de la trilogie, Indy vient d'Indiana. Le père Connery et sa mère inconnue ont cru bon de le baptiser en l'honneur de l'état de sa naissance. Cela dit, une extension fantaisiste de la doctrine de l'évolution, propre à l'univers parahistorique d'Indy, confirmerait sans nul doute qu'Harrison Ford est l'ancêtre imaginaire de nombreux petits garçons qui ont grandi dans l'Amérique des années 1970. Les autorités médiatiques répétaient alors à coût de statistiques chiffrées en dollars que, depuis qu'on ne pouvait plus compter sur ce bon vieux Jimmy Stewart et que le cinéma en coûtait dix fois ce qu'il coûtait dans l'ancien temps, il était l'acteur le plus populaire de la planète Terre.

Nous ne savions rien de ces antécédents métaphoriques locaux avant *The Last Crusade*. Pourtant, des fouilles sommaires confirment la présence d'Indy dans le sous-sol américain. Dans les brocantes caverneuses que l'on retrouve sur la place principale de toutes les petites villes, les antiquaires d'Amérique revendent la fortune de leurs familles, le legs des anciennes fermes, vermoulues et penchées de fatigue au bord des routes. Nous y retrouvons invariablement, parmi les reliques du temps qui a tout juste précédé notre naissance, qui était celui de la jeunesse de nos parents, certains des jeux et des jouets qu'ils nous avaient offerts. Dans des halls poussiéreux, le plus souvent installés derrière les façades altières d'archaïques raisons sociales, bureaux de commerces tombés en désuétude et loués à bas prix par des héritiers déroutés par l'inflation, les bijoux de famille s'entassent au milieu du capharnaüm de la société de consommation. Ces commerces de fortune sont les greniers de la famille reconstituée de l'Amérique, l'ombre portée des grandes surfaces, de leur éternité plastique et électroluminescente.

Au début de *L'Empire contre-attaque* (1980), nous nous inquiétons pour Han. Ses capteurs lui ont imposé un sommeil artificiel. À l'ère de la Guerre des étoiles, on ne parle plus de valériane, mais d'un gaz hypertechnologique délétère, apparenté aux magies qui transforment les personnages mythiques en statues, ou embaument les Rose dans le sommeil des siècles. Le héros au sourire éternellement oblique se retrouve figé dans un bloc qui me rappelle la couleur et la texture du chocolat. Au milieu de ces brocantes où s'accumulent les reliques des sous-sols de l'enfance, les aventuriers de l'avenir que nous sommes sont certains de retrouver le futur Han Solo. Il nous attend, réduit à la taille d'une figurine d'action, figé derrière la vitrine d'un cabinet d'antiquaire, captif d'un désir déjoué.

LA DIAGONALE DES VENTS

Patrick règle la note. Je demande au préposé qui a assuré la relève de notre amie au doigt mutilé si la piste du Indy 500 est venteuse. Il cherche à me rassurer en me disant qu'une fois arrivés au site, nous pourrons garer des véhicules et monter à bord d'autocars panoramiques, qui permettent de rester à l'abri des éléments. *Mais nous sommes chercheurs de vent, cher collègue, et nous avons juré fidélité à l'aventure.*

C'est l'aube à Indianapolis, un matin de grandes bourrasques et de lumière crue. Sur la place qui jouxte l'hôtel, les drapeaux de la nation, de l'état, de la ville, et de la chaîne hôtelière battent de concert vers le nord-ouest. À vérifier. Il faut faire preuve d'un peu plus de méthode lorsqu'on navigue avec le vent. Nous nous engageons sous l'arche qui perce l'hôtel, placardée d'un immense panneau annonçant une exposition sur le Titanic, échoué au milieu de ces terres de blé. Je me souviens que c'est la diffusion radiophonique du procès visant à accuser la négligence de la Cunard et de son équipage qui stimulera la vente massive des premiers récepteurs, et marquera le baptême de l'ère de l'écoute. L'origine de la culture des médias de masse tient à la volonté d'un iceberg.

Le match a pris fin avec la nuit. Franchissant l'arche, nous rejoignons une Méridienne désencombrée. Un symbole rouge en forme de Colisée indique encore l'emplacement du Indy Loop sur la carte. Nous ne savions pas que les courses s'étaient depuis longtemps déplacées vers une nouvelle piste, plus à l'est. *Dr. Jones, you've got nothing on us.* Les lacunes de notre science naïve nous permettent de vivre cette expérience à fond, comme des enfants qui jouent à inventer ce qu'ils ne savent pas encore.

Le soleil s'affirme. Éclaire la désolation. Nous garons la Blue Rider au milieu d'un champ de ruines. *Gone the way of the Titanic.* Dans le passé proche, des drapeaux à carreaux battaient sur le pourtour du Speedway. Les mâts dénudés cadencent la circonférence du Colisée de la course. Je photographie, du haut de la plateforme de la Blue Rider, les énormes baies vitrées aux carreaux brisés, maculées de fientes, qui percent l'enceinte. Des panneaux de bois, barbouillés de graffitis, condamnent la façade de la billetterie.

Loin en périphérie, trois autocars blancs, chargés de touristes, captifs sous verre, contournent lentement le site. Je me demande ce qu'ils pensent du travail de ces deux chercheurs de vent, boussole et caméra en main, perchés sur leur vieux pick-up bleu, à chercher le signal du départ. *American Graffiti*[15]. *Racing in the Streets*[16]. Dans les chansons et les films, des starters en jeans, juchés sur le capot des voitures, agitent le mouchoir carrelé des départs, se retournent pour voir filer les coureurs dans leurs voitures de puissance.

[15]   Dans *American Graffiti* (1973), Harrison, qui n'est encore ni Indy ni Han, bien qu'il soit déjà âgé de 29 ans, incarne un adolescent secondaire, Bob Alfa, coureur caractériel et vaguement bourru. Il ne savait pas qu'il troquerait bientôt son *muscle car* pour piloter un vaisseau spatial turboréacté qui lui permettrait de découvrir le bien en lui, de tomber amoureux d'une princesse, et de charmer toute une génération de terriens.

[16]   *Racing in the Streets* est la dernière chanson de la face A du long jeu de Bruce Springsteen, *Darkness on the Edge of Town* (1978). Dans nos consciences de banlieusards exaltés par les images du futur, la noirceur électroluminescente des zones industrielles a pu sembler la rivale terrestre du piqué intersidéral.

The race is over, son, and our days of thunder are done. Au loin, les autobus peinards complètent leur tour de piste au ralenti pour reprendre le chemin de la Méridienne.

LANCEUR ÉTOILE

On rejoint la nouvelle piste de course un peu plus loin le long de la Méridienne, en se fondant au trafic de chaque jour. Entre l'ancien *loop* et le nouveau *loop*, les franchises habituelles défilent. C'est ici que les citoyens font leurs *courses*. Éventuellement, entre l'enchaînement familier des logos, une roue ailée, fixée au sommet d'un long mât, affirme sa présence. Elle affiche une certaine ressemblance avec le *V* ailé qui couronne notre girouette.

Le flot hypnotique du trafic a amorti notre élan. Nous contournons la circonférence nouvelle du *loop* à la vitesse des autocars. Sa structure est moderne et aérée. Finie l'opacité bétonnée, les fenêtres aveuglées par la merde volatile, la masse pénitentiaire et patricienne du Temple abandonné de la vitesse. La façade laisse apparaître les échafaudages des stands, drapés d'oriflammes indiquant l'orientation de chaque *vista*. C'est ainsi que les architectes du nouveau *loop* ont désigné, dans le latin du Colisée, chaque quartier des gradins : *southwest vista, south vista*, et ainsi de suite en effeuillant la rose des vents.

Aujourd'hui, il n'y a pas de course. Avant que ne vrombissent les voitures dans leur tonnerre circulaire, l'arène abrite une bulle de silence. J'aimerais m'asseoir dans les gradins vides, simplement pour sentir le vent sur mon visage, sa direction, la force accumulée de ses errances.

Ailleurs qu'ici, un autre que moi se tient au milieu de la piste. Il mouille le bout de son index, l'expose expertement au vent. Dans l'autre main, il tient une balle de baseball. Il tourne autour de lui-même pour faire face au plus fort des vents opposés. Se penche, comme le lanceur au monticule. Le stade fait la roue autour de lui. Une arche diamétrale s'aligne à sa position. Tout est en place. Le lanceur étoile articule sa motion, décoche de toutes ses forces sa balle rapide contre le vent. Elle fend la lumière solarisée, franchit l'enceinte avec la force mystique d'un coup de circuit. De l'autre côté du mur, l'enfant que j'étais monte la garde. Il est prêt à ramener cette balle perdue à la maison. *Rosetown, where have you gone?*

Je ne m'explique pas tout ce qui me passe par la tête. Je me contente de reconnaître des images. Nous complétons notre tour de piste. En ce petit matin d'Indianapolis, la Blue Rider retrouve le chemin de la Méridienne, au pied de la *Speedway*. Nous avons d'autres lointains à rejoindre, et un café à prendre.

BEIGNET BETHANA

Brique brune et toit de tôle. Un édifice aux allures d'aréna municipal abrite le marché central d'Indianapolis. Nous circulons le long des allées, avisant du coin de l'œil les étals, guettant les reflets argentés d'une machine à espresso. Le rituel matinal du café est presque aussi important, pour la bonne poursuite de notre odyssée, que la lecture du vent. Le chercheur de vent, chercheur de café, doit affiner son interprétation des patrons urbains afin de débusquer, dans la trame d'une ville américaine, les établissements susceptibles d'offrir autre chose qu'une *cup o' joe* [17].

---

[17]   L'expression recouvre trois origines possibles, et maritimes. Josephus « Joe » Daniels, haut secrétaire de la marine américaine à la fin de la Première Guerre mondiale, a institué l'élimination du service d'alcool dans le mess des officiers. Ils étaient les seuls à avoir le privilège de boire légalement à bord des navires de la flotte. Le café noir, consommé à la chaîne, est devenu la boisson la plus forte accessible aux officiers sous pression, qui se seraient permis une petite dérision disciplinaire, en subvertissant le nom du collègue prohibitionniste dont ils voyaient le visage réprobateur au fond de leur tasse.

Cup o' joe pourrait aussi être issue de *jamoke*, un composé de *java* et *moka,* deux ports d'attache exotiques. Il passe des mers lointaines au vernaculaire américain quelque part entre les deux grandes guerres. C'est à Al-Mukha, au Yémen, au 18e siècle, qu'a commencé l'exportation des grains véloces vers l'Europe. *Java* serait une contraction du sanscrit Yavadvipa, l'île d'orge, destinée

à détourner son destin céréalier et à accueillir la première planta-
tion de café d'Indonésie. Elle deviendrait le principal exportateur
de l'excitant moderne au cours du 19ᵉ siècle.

Coke is it, mais le café demeure la boisson la plus populaire des
matins ordinaires. Joe, enfin, est cet homme du commun, suscepti-
ble de s'enrôler dans la marine, de parler comme les autres et de
boire ce qu'on lui offre sans trop se poser de questions.

Nous guettons au milieu du *melting pot* américain,
les signes de réalités méditerranéennes. Notre barista
de la matinée sera libanais. Un homme dans la mi-
quarantaine, arborant la chemise blanche, le sourire
léger, la parole leste, des meilleurs marchands. *Cafe
latte please. And one short espresso.* Ces beignets étince-
lants de sucre, dans leurs sacs de papier ciré, semblent
délicieux. *Two to go.* Un petit déjeuner en l'honneur du
loop. Yes, they are deeelicious.

Appelons-le Barista.

BARISTA : *Where are you from?*

Le français est une langue fort répandue dans sa
terre natale. Bien qu'il ne sache pas la parler, il recon-
naît notre accent. Il a même déjà visité Montréal, dans
le cadre d'un congrès religieux, sans vraiment quitter
l'hôtel. *It seemed like a nice city.* Il y a un siècle, Mark
Twain, de passage dans « la ville aux mille clochers »,
disait qu'on ne pouvait pas y jeter un caillou par une
fenêtre sans briser un vitrail. Désolé, Mark, je n'aurais

pas l'occasion de le vérifier : de nos jours, les églises, refenestrées pour l'usage civil, font le bonheur des développeurs immobiliers, les fenêtres des hôtels ne s'ouvrent même plus, et elles ne sont certainement plus colorées pour laisser filtrer la lumière divine.

En affaires comme en religion, on gagne à aimer son prochain comme soi-même. Barista n'est pas catholique, plutôt Baptiste, dénomination rare au nord de la frontière. Je vois les membres de sa congrégation derrière les fenêtres opaques du Ritz, la porte à côté de la Basilique Marie-Reine-du-Monde, occupés à discuter de leur foi dans la pénombre d'une salle de réception sans fenêtres. Ils prennent place autour de tables rondes, couvertes de nappes blanches identiques, distribuées à égale distance sur la moquette savamment mouchetée, où le regard peut s'égarer et la conscience s'abolir. Nous ne sommes pas les seuls à avoir un accent.

Patrick comprend que Barista est *Bethana*, non pas *Baptiste*. Cette variété du protestantisme m'est inconnue. Je mets en doute sa foi. Lorsque nous reprenons la route, il me demande des détails sur les variétés divines recouvertes par le terme *protestantisme*. Je lui livre un rapide exposé caféiné sur la question des noms et sur les notions divergentes de Dieu. Je me tais. Je déguste mon beignet. Mes paupières palpitent sous l'effet de la dose. Bientôt, le long de l'autoroute, les panneaux routiers bégayent des indications pour BETHANA. *Hôpital Bethana. Chemin Bethana. Par ici Bethana.* Je me demande quand ce vocable a filtré dans la conscience de Patrick, a commencé à lui tourner en tête, avant de réapparaître partout autour de nous. A-t-il vraiment entendu Barista prononcer « Bethana » ? Ou Bethana n'était-il qu'un écho de la route, dont le phrasé s'est glissé en Patrick avec l'insistance d'une arrière-pensée ?

Étrange *synchronicité*. L'expression, qui est de Carl Jung, désigne la concomitance d'événements liés par le sens, bien qu'ils n'entretiennent aucun rapport de causalité. Des relations cachées s'infiltrent par tous les trous du temps. L'espresso accélère le rythme des connexions neuronales. J'ai le cheveu frisé. *En l'absence de cause, le sens cause le sens.* Les roues roulent. Un beigne est un beigne. Ma pensée boucle des boucles. Le dernier disque de The Police (*Synchronicity*, 1983) a été le premier microsillon de mon histoire musicale personnelle. Il n'y a qu'un pas à faire entre la fascination exercée par un album rock et la lecture d'un ouvrage savant. *Synchronizität als ein Prinzip akausaler Zusammenhänge.* La traduction anglaise de la plaquette du psychologue profond, *Synchronicity, an acausal connecting principle*, paraît l'année de ma naissance.

Ces beignets étaient *deeelicious indeed*. On dirait de la poussière d'étoiles sur mes genoux. J'ai possédé, durant toute l'adolescence, une version de poche d'un roman de Rudy Rucker, *Spacetime Donuts* (1981), sans jamais la lire. J'ai fini par la vendre à un bouquiniste disparu, après une apparition fugace sur la rue principale de ma banlieue natale. Il est difficile, dans ces béances du temps où la causalité semble inverser son cours, d'éviter la pensée magique. Soyons positivistes. La relativité et la théorie quantique démontrent que l'espace-temps est une pâte pétrie par notre présence en elle. Certains cognitivistes se représentent la conscience comme un entrelacs de boucles, où la pensée tourne et retourne autour d'elle-même, pétrissant le feuilleté de l'identité. Merci pour le café. Ceux qu'une foi réelle habite peuvent se contenter de sourire. *Beignets Bethana.* Nous quittons Indianapolis et ses *loops*. Parfois, une formule a le pouvoir d'épuiser une réalité entière.

NE PAS MAINTENANT

Nous sommes de retour entre les champs récursifs de la Région centrale. Le frimas s'est évaporé. Les blés semblent ternis, vieillis. Les interminables monocultures ont cédé le pas à des prés plus domestiques. Leur échelle évoque la discrétion d'une autre époque, pastorale, où la prospérité fermière demeurait une histoire de famille, non pas le fleuron d'immenses exploitations multinationales, davantage apparentées aux laboratoires biogénétiques et aux raffineries pétrochimiques qu'aux petites maisons dans la prairie.

Il n'y avait aucun signe d'habitation humaine dans les champs de la Région centrale. Même les machines agricoles, en ces jours de gel, en sont absentes. Des manses ancestrales, dans la plus pure tradition du gothique américain, veillent sur les exploitations. Ces châteaux fermiers, avec leurs vérandas dentelées, leurs pignons de contes gothiques, ont connu des jours meilleurs : leur bois est vermoulu, leur peinture pâlie, écaillée. Ces maisons conservent le souvenir d'une époque plus faste, qu'elles ne manquent pas d'évoquer, malgré leur fatigue. Il n'est pas difficile de croire que quelqu'un, un jour, a prospéré ici. Il est plus difficile d'accepter qu'on puisse encore y vivre. Muré dans ses souvenirs, peut-être. Tout de même, je me dis que j'aurais pu y passer des jours tranquilles, avec Kelly ou Amelia. Le temps a de nouveau bifurqué. *Ce qui était une fois n'était qu'une fois.*

Au bord d'un des champs, quelqu'un a cloué un panneau de bois au tronc d'un arbre solitaire. On peut y lire en traits grossiers de peinture noire :

DO NOT

NOW

en l'honneur des événements récents, je note l'homophonie :

DONUT

NOW

Le présent est un beigne.
En fait, on dirait qu'il manque une lettre, et que le peintre s'est arrêté en pleine pensée.

DO NOT

KNOW

Qui sait qui vit encore dans ces maisons de bois pelé, et pourquoi ? Nous passerons notre chemin sans savoir, dans l'espoir d'une autre fois.

NE PAS

MAINTENANT

Penchant du vent

Aux abords d'Indianapolis, il y a des routes et du blé.
Le vent y passe en rafale, arbitraire comme un dieu.

Deux rangées de poteaux électriques, flanquant la route, témoignent de son humeur inégale.

Une force forte : à notre droite, ils sont droits comme des piquets, comme il se doit. Résistants.

Une force faible : à notre gauche, les poteaux s'inclinent de plus en plus bas, marquant chaque moment d'un lent, d'un bien bas salut.

Une révérence au milieu du vide.

Avant de filer derrière l'horizon.

Les États-Unis du vide

De nombreux Américains, en particulier s'ils sont de ceux qu'on dit éduqués, croient qu'une version du vide les attend aux limites de ces villes-états où ils cultivent leur indépendance d'esprit. Une amie de New York — la fille de Cheshire, qui réapparaîtra au fil de ces pages — m'a un jour affirmé : *There's nothing out there.* New York à l'est, San Francisco à l'ouest, Austin au sud, ou Minneapolis au nord. Quatre points cardinaux ne suffiront pas à épuiser la pensée du vide, qui est partout la même.

Seigle, seigle, seigle, seigle. *The Catcher in the Rye* est le fantasme d'un garçon de New York. *L'Attrapeur* attend, tapi entre les herbes, pour saisir en pleine course les enfants qui fuient à travers champs. Si les petits courent ainsi à perdre haleine, se livrant à un jeu dont ils ignorent la règle véritable, c'est que la présence de l'Attrapeur les apeure. Facile d'avoir l'impression, dans l'infinité des blés, que le monde continuera pour toujours, identique à lui-même, et que tant qu'on continue de courir, la fuite demeurera possible. La peur, et le ballet du seigle, traversé d'avertissements incompréhensibles, poussent au mouvement perpétuel. L'horizon pourtant dissimule un au-delà : une falaise, invisible sous les herbes hautes. Il suffit d'un pas en trop pour tomber hors de soi. *L'Attrape-peur* en bégaye d'émotion. Il ne souhaite qu'une chose : saisir les enfants avant qu'ils ne chutent hors du rêve. Les serrer dans ses bras, les rassurer que si l'effroi a une fin, elle se doit d'être heureuse.

Catcher in the rye : capteur de rêve. En Indiana, mieux vaut apprendre à redevenir Indien. Plutôt que de cultiver la peur du vide, les enfants des banlieues devraient apprendre à déchiffrer le passage des nuages, à interpréter l'inclinaison des herbes, à épouser les contours du vent qui file. Les fantômes dont le nom flotte sur ces terres savaient que nos effrois, nos apaisements sont des divinités élémentaires.

Le cours du sandwich

Petite ville de circonstance. Il doit être deux heures. *Soup and sandwich special.* Ayant bouclé la boucle du *loop*, nous dînons au *diner*. On reconnaît immédiatement l'endroit : damier du plancher, tables recouvertes de nappes blanches, long bar percé de vitrines, invitant à la considération d'un assortiment de gâteaux et de tartes. La dame diminutive, d'un certain âge, qui tient le café est parfaitement à sa place. Sa permanente lui va à ravir. On voudrait immédiatement la compter au nombre de ses tantes. On se dit que ce qu'elle cuisinera nous fera du bien. Elle nous accueille en nous confiant qu'elle s'apprête à recevoir la dernière livraison, qu'il y a beaucoup à faire. Tout de même, elle se fera un plaisir de nous servir.

Sa collègue waitress, en blouse blanche, un tablier noir noué à la taille, renverse laconiquement les chaises sur les tables. Plus jeune, un peu grassouillette, la mine basse des après-midi pénibles. J'ai l'impression distincte qu'elle préférerait s'occuper de sa maison, bien qu'elle se soit résignée à travailler pour arrondir les fins de mois familiales.

Nous prenons place au comptoir de zinc, sur les tabourets pivotants couverts de cuirette rouge. Vous savez de quoi je parle. L'ardoise (qui n'est plus d'ardoise, mais de plastique) indique le prix raisonnable de six dollars quatre-vingt-dix pour un sandwich aux légumes, denrée rare en ces terres céréalières. Le service est un acte de bonté pure, le sandwich, quelconque. Nous déclinons poliment une offre de *tarte aux pommes à la mode*. Au moment de régler, ma tante décide de m'offrir le sandwich, qu'en l'absence de viande elle trouve trop cher, à cinq dollars. J'ai encore faim. Oui, Alexis, la viande creuse l'appétit pour la viande, et je connais le prix à payer pour dévier de la piste du cheeseburger.

LA CHAMBRE DU SINGE

Nous n'avions pas remarqué, en choisissant notre *all American diner*, que les devantures des commerces voisins sont placardées de panneaux en langue espagnole. Nous entrons dans l'épicerie de la principale. Au comptoir-caisse, l'épicier latino fait dans les poids lourds avec sa chemise à carreaux aux manches retroussées qui exposent ses biceps. ¡ *Luche libre* ! Son visage est un masque de hargne alors qu'il crie en anglais dans le combiné.

— *Shut up monkey!*

Je me demande si c'est le petit nom de sa femme ou de son garçon d'entrepôt.

— ...

Nous remontons les allées, inspectant les tablettes à la recherche de je-ne-sais-plus-quoi, que nous ne trouvons pas.

À la caisse, la conversation se poursuit.

— *I told you to shut up!*

— ...

On n'entend rien à l'autre bout de la ligne.

Patrick se poste devant le comptoir-caisse, un sac de croustilles de plantains en main. C'est un garçon courageux. Il prépare une réplique en espagnol en pensant à sa fiancée.

— *Keep quiet!*

L'épicier enragé raccroche d'un geste violent. On dirait un *telenovela*. Il se tourne vers nous en souriant. Il lui manque une dent. *Back to business.*

— *Sorry.*

Je préfère ne rien ajouter. Patrick baragouine en espagnol.

Le commis est un homme qui va droit au but. La conversation, sommaire, en vient vite aux curiosités d'usage.

PATRICK : *Mi novia es mexicana. ¡Aprendì español en la cama!*[18]

Mot de passe. Mâle solidarité. L'épicier latino rit à grands éclats. *Life is life.*

¹⁸ Ma fiancée est mexicaine : j'ai appris l'espagnol dans la chambre à coucher !

Il sourit encore quand nous quittons les lieux, reprenant le combiné pour poursuivre sa conversation d'arrière-boutique ou de chambre à coucher.

NORD-NORD-OUEST

Le vent retourne sur ses pas, les efface en avançant. Nous poursuivons la lancée entamée sur la Méridienne d'Indianapolis, l'élan des *loops*, en remontant à pleine vitesse vers Chicago, où Alexis et Patrick, il y a onze jours, ont entamé le voyage.

Le vent a tourné, puis s'est calmé. *North by Northwest.* Notre trajectoire s'accorde au titre d'un suspense d'Hitchcock, épousant la diagonale qui relie la réalité à la fiction. Dans un champ pareil à ceux-ci, au flanc d'une route de gravier, Gary Cooper, debout dans son complet immaculé, attend un autobus intermodal.

Des autos qui ne s'arrêtent pas soulèvent des nuages de poussière. Il devine, à l'horizon, le point noir d'un aéroplane. Cet aviateur malveillant n'a que faire d'arroser la récolte. Il plonge droit vers notre homme, pour entamer la chasse. Lui n'est pas dupe. Il court à travers champ, le visage crispé d'effort sous sa mise en plis impeccable. *L'Attrape-peur* est un conte pour enfants. Les héros d'un film peuvent toujours sortir du cadre. Je sais bien que cette course finira bien. Par contre, je ne me souviens plus comment. Il me semble que l'avion qui le poursuit est un biplan vrombissant, qui remonte aux premiers temps d'Amelia. Il commence à faire noir, et je me demande ce qu'elle aurait fait, dans la vraie vie, de ce beau brunet, si assuré de son image. *Do women love the men they are sure of?*

LE BORD DES NUITS

Nous filons sans retenue sur le damier des terres, entre les épis au repos. Des maisons cossues veillent sur les terres en jachère. Le crépuscule s'est installé, et nous ne saurions plus dire si la pauvreté gangrène ici aussi leur bois. En tout cas, par ici, on fixe encore des balançoires au porche des maisons.

Bien qu'il se fasse tard, un petit garçon s'élance vers la nuit, qu'il repousse du bout des pieds. Croit-il deviner, dans le ciel, les contours de l'avenir ? Une ville de gratte-ciel, la nuit, où une vie loin des champs l'attend ? À cette heure, j'espère Chicago.

SEMELLES DE VENT

Il ne faut pas s'endormir avant de savoir où l'on est. Sentir la fraîcheur du soir, la force du vent. Des questions me percutent le fond des paumes. Entrent par les fenêtres ouvertes de la Blue Rider, portées jusqu'à nous par le vent, amplifiées par la vitesse du véhicule.

La version française de *North by Northwest* s'intitule *Le vent aux trousses*. Cary Grant avait le vent aux trousses. Il courait en *patent leather shoes*. Mes pensées se dénouent et s'éparpillent. Les dieux ne sont plus ce qu'ils étaient. Hermès, divinité messagère et ultra véloce, chaussait des sandales ailées. Semelles usées du vent ?

De quelle taille étaient les anciennes divinités ? Elles se cachaient dans les sources, entre l'arbre et l'écorce, au cœur des pierres, sous le moindre brin d'herbe, derrière l'horizon. De quelle taille sont les vents ? *Ils sont plus grands que nous.* Cary Grant, captif d'une image dont il ne s'échappera jamais plus, varie en grandeur selon les circonstances. Au petit écran, il mesure de vingt-quatre à quarante-huit pouces, alors qu'au cinéma, il fait, dans la plupart des plans, de deux à trois mètres. À l'intérieur d'un même film, sa taille varie d'image en image. Son destin, invariablement, semble plus grand que celui du commun des mortels.

Il est des vents géants, des vents plus discrets. Forces fortes, qui en imposent. Forces faibles, qui filent sans déranger l'ordre des apparences. Tout dépend du point de vue qui s'offre à nous, de l'idée que l'on se fait des choses. De quelle pointure sont les semelles usées du vent? Les souliers que chausse Cary Grant? Les questions sans réponses me filent entre les doigts. La vie était-elle plus simple quand on se permettait de personnaliser toute chose, de ne pas tout raisonner? Murmurer en passant le nom des choses. Les oublier en avançant. Tels sont les travaux et les jours du vent.

LAC UNIVERS

Chicago, massive et pierreuse, approche. Les herbes, balayées par les courants aériens, s'inclinent comme des algues en grands fonds. Patrick compare les mouvements du vent à la surface du territoire au ressac de l'océan, les villes à des récifs. Nous avançons sous le vent et en lui. L'idée volumétrique de Patrick me semble rapprocher le vent de ces substances invisibles par lesquelles les anciens comblaient les carences dans leur explication du monde : phlogiston, éther et autres ectoplasmes, surgis du néant pour faire tenir ensemble l'architecture du visible.

Au début du projet, alors que nous discutions les termes de mon engagement, Patrick évoquait l'éventualité d'atteindre, à force de détours, et par loyauté à *cette force qui nous dépasse*, le rivage d'un des océans américains — Pacifique à gauche, Atlantique à droite —, et de devoir abandonner la Blue Rider au bord d'une plage, pour continuer vers le large. L'odyssée est centrifuge. L'abandon, centripète. Mon contrat est rempli de clauses implicites, difficiles à jauger par écrit. Les frontières, après tout, sont des seuils imaginaires. *Just sign along the dotted line.* Vas-y, Daniel. Laisse-toi aller comme un papier au vent.

J'ai entendu conter qu'à Chicago, des canaux serpentent autour du *loop* du centre-ville pour se déverser dans le lac Michigan, un des cinq Grands, si vaste qu'on n'en aperçoit jamais l'autre rive. Des vents puissants, venus de très loin, font subtilement onduler la surface de cet océan sans vagues. Ils s'engouffrent entre les tours du centre-ville, emportent les chapeaux des hommes d'affaires, emmêlent la chevelure des femmes du monde.

Je me souviens qu'il y a cinquante ans, Buckminster « Bucky » Fuller, sa fille Alexandra morte à trois ans, sa carrière sans issue, se tenait sur les rives du lac Michigan. La vie allait recommencer. Sur le relief des eaux balayées par les pluies, cet architecte de notre futur antérieur a vu apparaître une sphère lumineuse, flottant sur les eaux, où il a deviné la structure intime de l'univers. À l'avenir, elle l'aiderait à mieux vivre, et il pourrait devenir lui-même. Dans la perspective de notre science naïve, qui n'est pas si étrangère à celle de Bucky, le Lac et le monde au-delà de son horizon semblent si vastes que les vents qui y soufflent pourraient très bien venir du fin fond de l'univers.

Chicago Loop

La découpe illuminée de Chicago semble une version plus aérée de New York. La Sears Tower, avec son antenne bicolore, *popsicle purple and digital green*, se dégage de l'ensemble comme une arrière-pensée grandiose.

Chicago est ce soir une ville de pluie. Sur l'asphalte assombri par l'eau, ses lumières dessinent des patrons moirés. Notre course avec le vent nous a menés, au nord-nord-ouest, du *loop* d'Indianapolis jusqu'au point de départ de l'odyssée. Il est tard, nous avons faim, et nous ne savons pas où nous dormirons. Chaque chose en son temps. Le guide touristique nous assure que Jim Belushi adorait les *cheezborgers* du Billie Goat Tavern. *Cheezborger, Cheezborger, Cheezborger. No Coke, Pepsi!*

Nous garons le camion sur la rue Madison, tout près de la tour néo-gothique du *Chicago Tribune*. Batman approuverait. Le guide nous indique que des escaliers de fer mènent sous elle, à la porte de la taverne au nom d'enfer. Apparemment, les journalistes s'y disputent perpétuellement l'actualité en gardant l'œil ouvert sur les matchs.

Nous décrivons des ellipses sous Madison, entre les échafaudages d'acier qui soutiennent le monde d'en haut. Au pied d'un autre escalier, nous croisons un homme noir, en joie, d'âge indéterminé, d'une minceur de junkie, et sa copine au crâne rasé, moins entamée par les dommages. Il a presque autant de coffre que l'épicier qui haranguait son singe.

— *HOW YOU ALL DOIN'?*

Keep calm and carry on. Sous terre au moins il ne pleut pas.

— *Fine, fine...*

Nous continuons à marcher comme si nous savions où nous allons.

Un pas devant l'autre, la tête haute. Cinq minutes de plus. Au bout d'une nouvelle ronde, nous croisons de nouveau le couple.

— *Can I help you? You been goin' round in circles?*

Il est perspicace malgré l'abus des substances. N'aie pas peur de *l'Attrape-peur*, petit Daniel. Un homme blanc, aux cheveux blancs, embonpoint-portant, et sa copine appariée apparaissent, comme surgis de nulle part. Manteau de cuir de l'homme d'affaires en permission. Talons hauts de la dame argentée. Ils s'éloignent, l'air satisfaits, et nous apercevons enfin la tête de bouc peinte sur la porte rouge de la Tavern, évidente comme diable, entre les poutres. Sauvés par le retour de la classe moyenne ! Plongeons dans la bouche du diable. Désolés, sieur Junkie.

La taverne, réputé repaire souterrain des journalistes, ne contient qu'une tablée qui la rend susceptible de vraiment remplir ce rôle. Un groupe en complets vestons, l'air vaguement épuisé, occupe la table du fond. Des coupures de journaux, où l'on reconnaît le visage de Belushi, et un poster qui inverse sa fameuse formule au profit de la corporation Coca-Cola, tapissent les murs. *Cheezborger, Cheezborger. No Pepsi, Coke!*

Dans la foulée du programme spatial américain, le Billie Goat Tavern a été le premier commerce à acquérir une licence pour servir de l'alcool au bord de la Mer de la Tranquillité. La clientèle est en effet lunaire. Il y a ici quelques employés à la petite semaine, des hommes à la mine vaguement attristée, dont on peut douter de la bonne fortune, mais qui semblent honnêtement absorbés par le plaisir des matchs. Ils auraient bien ri des frasques de Jim. Mais ce soir n'est pas samedi. Il

faut compter sur le sport pour se distraire de l'actua-
lité. Tous les angles de la Tavern sont couverts d'écran.
Dans chaque direction, un sport en direct. Je m'attarde
à un homme au regard absent, les yeux écarquillés
d'étonnement, à la tête levée vers un match de lutte.
Une canne d'aveugle est posée entre ses genoux.

Le comptoir central, qui accueille les commandes et
abrite le grill, divise la taverne en deux. Le bar est situé
en contrebas, juste à côté de la porte démoniaque. Le
système est le suivant. On passe tour à tour au comptoir
cuisine ou au bar pour commander son repas ou son
boire. Le garçon de table, un Noir, bedonnant, circule
nonchalamment de table en table. *Another cheezborger?*
You all done? Il tente laconiquement de renouveler les
commandes. On dirait qu'il marche au ralenti. Il se per-
met des pauses, pour lever la tête de téléviseur en télé-
viseur, considérer chaque sport. Son képi de papier est
posé sur sa tête à un angle périlleux. Lorsqu'il s'arrête
devant le match de lutte, il rit de bon cœur. Il y a un
instant, on l'aurait cru incapable d'un sourire. Le bar-
man, un Italo-Américain musclé, sa mâchoire angu-
laire parfumée à l'*aftershave*, est à tapoter des textos
quand nous entrons.

Nous choisissons une table dans la moitié gauche
de l'établissement. Patrick offre de se charger de nos
commandes. La serveuse, une latinette qui me rappelle

vaguement Rosie Perez, le décourage du rôti de bœuf qu'il convoite, sans aucun doute par nostalgie pour le ragoût irlandais. Que voulez-vous, nos émotions nous rejoignent où que nous allions. Patrick, prends sur toi, nous pouvons relâcher nos défenses, oublier les dangers de la route et de l'inframonde. Nous sommes de retour sur la piste du cheeseburger. Le cours du sandwich s'est stabilisé à trois dollars et cinq sous. Cette serveuse veut nous aider à mieux vivre.

— *Why don't you have the cheeseburger? That's what we're famous for.*

Deeelicious.

LE CHÂTEAU INVISIBLE

En 1999, de passage à Paris, je dors face à la fenêtre de la mansarde où résidait Ernest Hemingway, du temps où il était correspondant pour le *Toronto Star* et qu'il écrivait *A Moveable Feast*, la chronique de son exil épiphanique. Mes amis Dilek et Nicolas m'ont installé sur le divan-lit du salon, face à trois fenêtres. Le café de l'immeuble d'en face s'appelle Under Hemingway's. Tenant à bien jouer mon rôle d'écrivain en résidence, je cherche à établir la source de cette référence littéraire. Mes hôtes, sans doute par trop grande familiarité avec le quartier, n'ont jamais pris la peine de lire la plaque commémorative apposée à la devanture du café. Elle confirme mes soupçons. *Sous Hemingway.* Le nom de l'estaminet n'est pas un aveu de soumission à une vision virile du monde, plutôt la réflexion d'un fait historique. J'annonce à Dilek et Nicolas qu'ils sont voisins d'Ernest, *l'Ernest*, dans le temps plutôt que l'espace.

Paris est une fête. Chicago est une boucle. Nous retournons prendre des chambres au *Carleton of Oak Park*, dans la banlieue où Ernest a grandi, et où Frank Lloyd Wright a vécu. Alexis avait suggéré cette destination parce qu'elle se trouvait à un pas de Taliesin, la maison-atelier de l'architecte. Au premier jour de l'odyssée, les agents transfrontières avaient dormi là, dans cet improbable château banlieusard.

La Blue Rider remonte une artère commerciale qui me rappelle l'avenue Greene, à Westmount, puis s'engage par les rues bordées d'arbres, de maisons de bois à pignons et de bas *brownstones*. La masse de brique rouge du Carleton apparaît, incongrue, au milieu de ce tissu domestique. Elle me rappelle immédiatement cette manse, posée sur une butte à l'extrémité de la 47e Avenue, dans ma banlieue natale de Lachine. On aurait dit un amalgame de maisons victoriennes, une combinaison de façades tirées d'un catalogue dix-neuviémiste, assemblée en un château syncrétique. Sa présence altière au bout d'une rue résidentielle, bordée de duplex tout ce qu'il y a de plus montréalais, suggérait l'irruption d'un monde possible au milieu du tissu de ma banlieue. J'aimais décrire des ronds en bicyclette face à ses devantures pour en considérer l'étrangeté, jusqu'à ce qu'un mouvement derrière les rideaux m'alerte à la possibilité d'un regard, que l'angoisse d'avoir commis une *intrusion* me pousse à filer ailleurs. Le règne de ce château déplacé était, comme toutes choses en mon univers banlieusard, menacé par la réalité domestique. Aucun de ses occupants ne pouvait se réclamer de régner sur l'entièreté de l'altière demeure. Le château comptait autant de locataires qu'il avait de pignons. J'avais une grande facilité à me faire des amis, mais je n'ai jamais trouvé, parmi mes compagnons de classe ou mes rencontres au parc, celui ou celle qui aurait pu m'y faire pénétrer. Le mystère du château de la 47ᵉ Avenue est demeuré entier. Il a survécu à l'âge adulte.

L'amitié, quand elle est vécue comme une aspiration de tous les jours, sait survivre à tous les déplacements. Emmanuel, un ami d'enfance qui enseignait alors l'économie à Chicago, a grandi à un coin de rue de chez moi, dans une maison de bois qui ressemblait aux plus vieilles demeures de ce quartier cossu. Il s'absente présentement à Toronto, en visite chez sa fiancée. Il m'a prêté, pour la durée du voyage, un portable américain, à l'écran fracassé, qui nous sert surtout à réserver nos chambres d'hôtel, et à retrouver la trace d'amis locaux. Son appareil, connecté à un réseau ubiquitaire, nous permet de passer des appels sans frais partout aux États-Unis. À l'époque, ce genre d'offre n'existe pas au Canada.

Les chambres du Carleton sont de celles qu'on croit reconnaître. Elles me semblent être parfaitement à leur place. Je ne conserve de mon séjour que le vague souvenir de l'épaisseur de la moquette, de boiseries sombres, de lampes à abat-jour, d'édredons épais. Pour moi, elles ressemblent à mon idée de ces intérieurs invisibles, au bout de la 47e Avenue.

Patrick et moi nous rejoignons au bar, pour un *night cap* à la Ernest. Le zinc, qui est de bois et de cuivre, est un quadrilatère compact, couronné d'un diadème d'écrans. Nous nous y installons, sous la lumière transcendantale des matchs.

Je tente de rejoindre Andrew Norman. Rien n'y fait. Notre ami à la dégaine de prestidigitateur semble s'être momentanément absenté de Chicago. L'appareil d'Emmanuel interrompt ma tentative avec un texto de son propriétaire.

29.11.2010, 23h51

Qu'est-ce que tu fais à Oak Park?
Je croyais que tu voyageais à la dure?

Emmanuel m'apprend qu'une application lui permet de localiser à tout instant son téléphone, et qu'il nous suit de loin depuis le début du parcours. De nos jours, tant de façons s'offrent à nous de devenir invisibles.

4

EST

CHICAGO À ELKHART

L'école de la prairie

Le vent ne se repose pas, nous avons beaucoup de travail devant nous, mais nous sommes des aventuriers poétiques et nous nous permettons en ce matin un tour du quartier de Frank et Ernest.

Taliesin a grandi. Un monde possible s'est profilé autour de la maison de la famille Wright, qui donnait l'exemple à ses voisines. Le quartier est aujourd'hui constellé de demeures dans le *prairie style*. Des générations de nantis s'y sont succédé. Les touristes moins fortunés s'arrêtent devant leurs façades pour les photographier. L'accès aux mondes possibles leur est refusé. Ils doivent se contenter d'en ramener des images.

Je me souviens de Georges Perec racontant, dans *Espèces d'espaces* (1974), sa visite à Fallingwater, en Pennsylvanie. La maison iconique de Wright, périlleusement nichée sur un rocher au-dessus d'une cascade, n'a pas de portes. De longs murs en chicane protègent son intérieur des éléments. Ce devrait être une maison ouverte au monde. Wright l'a construite pour la famille Kaufmann, propriétaire d'un grand magasin de Pittsburgh, qui ne l'a presque pas habitée. Elle fut seule à jouir de ce privilège. À l'époque de Perec, des gardiens de sécurité en patrouillent le périmètre. Armés de mitraillettes, comme les bonzes de Capone. Plus question de vivre ici. Fallingwater un fragment d'un monde parallèle, une image échouée au sommet d'un rocher, comme l'arche de Noé, naufragée à un pas de la réalité. *Derelict architecture for a world pictured, unlived or nearly so.*

À l'exception de Taliesin, le berceau du rêve, les maisons cossues construites par Wright pour ses voisins sont encore habitées. Personne, hélas, ne nous invite à y entrer. Nous passons dans notre camion bleu, fenêtres ouvertes, dénombrant sans descendre les façades de Wrightlandia, un monde inatteignable de pureté, à peine esquissé. Devant Taliesin, un guide touristique explique à un groupe la marche à suivre pour ne pas déranger la quiétude des images. L'architecture n'est jamais totale.

Ernest à Wrightlandia

Nous sortons du voisinage de Taliesin pour rejoindre celui d'Ernest, né à un pas de là, dans la grande maison de bois de ses grands-parents. En périphérie de Wrightlandia, les maisons géorgiennes et les immeubles de brique rouge du quartier me rappellent les derniers retranchements de Westmount et les rues de Notre-Dame-de-Grâce, à Montréal. Ces dernières années, j'ai découvert que si on traverse ces municipalités en suivant l'axe de la rue Sherbrooke, pour descendre la pente de ville Saint-Pierre et rejoindre la rue Notre-Dame, on se retrouve dans ma banlieue natale de Lachine. Il y a là comme un aboutissement logique : Saul Bellow, le moraliste névrosé de Chicago, a vécu ses trois premières années à Lachine. Il y retournait souvent visiter ses cousins. Il a laissé son nom à la bibliothèque municipale où j'ai fait mon éducation en lisant l'encyclopédie *Tout connaître*, pour les informations pratiques, et *Peanuts*, pour découvrir la fragilité et les contradictions des sentiments humains. Je me suis longtemps demandé pourquoi on avait choisi Bellow, dont la vie et l'œuvre me semblaient si éloignées de celles de ma banlieue natale, pour nommer ma bibliothèque bien-aimée. La plaque commémorative vissée à l'immeuble moderniste de la 32e Avenue ne m'éclairait pas plus. Les adultes que je questionnais pensaient qu'il s'agissait du nom d'un ancien conseiller municipal, ou, s'ils étaient davantage cultivés, d'un simple emprunt glorieux à la liste des auteurs notables et des nobélisés. Me retrouvant aujourd'hui chez Saul, voilà que je constate une certaine ressemblance avec ma Lachine. Souvent, les banlieues ne semblent pas le prolongement local d'une ville unique, bien plutôt les infinies extensions l'une de l'autre, interrompues par la densité momentanée des centres urbains.

Nous nous arrêtons devant la maison de l'auteur, qui me rappelle une version décuplée de celle de mon ami Emmanuel, à un coin de rue de ma maison natale. Je me suis toujours demandé pourquoi mes parents, qui ont acheté leur propriété en même temps que ceux d'Emmanuel, ont choisi notre maison Monopoly. Emmanuel et sa famille habitaient une maison victorienne, chapeautée de soupentes, acquise à la fin des années 1960 au prix modique de douze mille dollars canadiens. Je me disais souvent, en allant jouer chez lui, que j'aurais aimé grandir dans une telle maison, y découvrir dans les profondeurs du grenier un passage vers ces dépendances que j'inventais en rêve, ces tunnels et ces portes dérobées qui s'ouvraient à la tête du lit de mes amis et qui reliaient en une confrérie secrète les maisons de notre quotidien.

J'ai grandi dans deux endroits à la fois : à Lachine et dans cet ailleurs que j'imaginais, à l'intérieur de Lachine. Nous perdons en grandissant la conviction des possibles. Parfois un passage s'éclaire, devant nos yeux, derrière une porte que nous ne franchirons jamais plus. Devant la maison d'Ernest, qui ressemble tant à celle d'Emmanuel, je me suis rappelé mes vigies à l'extrémité de la 47e Avenue. *Je ne serai jamais né, ne vivrai jamais à sa place, à Wrightlandia.* À Paris, un demi-siècle trop tard, je m'endormirais face à la fenêtre de sa mansarde inaccessible.

Aujourd'hui, je lève la tête vers la façade de sa maison d'enfance. Je me demande ce qu'il voyait de ce qui manque au monde quand il dormait là, à rideaux tirés dans la quiétude du passé.

LE MANUEL DE STYLE

J'ai toujours cru que le *Chicago Manual of Style*, principal ouvrage de référence du milieu de l'édition anglophone, aurait pu proposer une autre grammaire que celle des mots et des phrases, m'instruire sur la façon de vivre *in style*.

Les chapitres de ce *Chicago Manual of Style* rêvé donneraient à relire la ville où ils ont été écrits. Ils sont de la main, entre autres, d'Ernest Hemingway (« Comment devenir un homme »), de Frank Lloyd Wright (« Chicanes et lignes de fuite »), de Bucky Fuller (« Instructions pour l'opération du réel ») et de Saul Bellow (« Comment devenir une bibliothèque »). J'envie la barbe à Papa, le chapeau de Frank Lloyd, les bésicles de Bucky et le sourire en coin de Saul Bellow. Quand je serai grand, je saurai tout faire comme eux. Mais je le suis déjà.

J'ai égaré ma copie du *Chicago Manual of Style* à la fin de mes études. Tout est encore possible.

LE VENT PARLEUR

Récapitulons.

City of Winds est une belle façon de ne rien dire.

Chicago doit son surnom à son bagou.

Ici, les premiers gratte-ciel ont vu le jour, aux pieds des vents parleurs.

Depuis que les Amérindiens ont quitté ces rives, personne ne s'attarde à les écouter.

Talking wind. L'Amérindien accueille un messager aux pieds de vent, remonté du fin fond de l'univers.

Talking wind. L'homme blanc trouve une façon efficace de ne rien dire. Paroles à tout vent, vides de sens.

Pourvu qu'il obtienne ce qu'il veut.

Chicago, dès le *deal* qui a coûté les rives venteuses — pas plus venteuses que n'importe quelles rives venteuses — aux Amérindiens locaux, appartient aux grands parleurs, grands faiseurs, qui ont construit la ville.

Les gangsters et les politiciens qui de concert ont fait la réputation de Chicago sont des menteurs constructifs.

LE TRAIN SANS LETTRE

We are naive scientists, and we are investigating the inherent poetry of weather systems[19]. Il pleut sur la ville des vents.

[19] Nous sommes des scientifiques naïfs et nous effectuons des recherches sur la poésie inhérente aux systèmes météorologiques.

Chicago, où nous sommes revenus comme à une nécessité, nomme *loop* ce centre-ville où nous tournons encore une fois en rond, à la recherche d'un endroit où garer la Blue Rider. *Loop the loop.* Finies les pistes d'Indianapolis, les nuages poussiéreux des grands élans automobiles. Au-dessus de nos têtes, sur les plateformes qui nous préservent de la pluie battante, des trains circulent lourdement autour des tours, puis dessinent en tremblant des lignes de fuite vers les quartiers limitrophes. Pour le voyageur sans destination préméditée, toujours sur son départ, le cœur des grandes villes tourne à vide.

Nous trouvons à nous garer sous la canopée des poutres. En descendant du camion, à la recherche de notre café matinal, le grondement de la ligne L me ramène à notre séjour de la nuit dernière. Les wagons-chambres de l'hôtel d'Indianapolis étaient retenus en place par les amarres du confort moderne : filage électrique, tuyauterie et autres connexions cachées. *Chère Dorothée, tu te plairais ici. Dans ces parages, les maisons tiennent à toutes les aménités. Aucun risque de repartir au vent.*

Lorsque la plomberie se met à ronronner en pleine nuit, comme s'il n'y avait personne pour l'entendre, le voyageur insomniaque y entend le grondement diminué d'un train minuscule qui s'approcherait, filant par les tunnels entre les murs, à la recherche de l'impossible dehors où il reprendrait sa taille réelle : *Une locomotive, échappée des tuyaux d'Indianapolis, émerge au cœur de la Région centrale, trace au nord-nord-ouest, fend le vent, en émettant de longs sifflets, filant vers Chicago, traversant les banlieues sans s'arrêter, pour s'élever enfin sur le treillis de métal suspendu du loop. Ce train illettré, qui n'affiche son appartenance à aucune ligne, s'arrêtera à toutes les plateformes pour prendre à son bord tous ceux qui cherchent à quitter leur quotidien. Prochain arrêt Metamora. Le train diminue dans le lointain. Le voyage est si long que les passagers, la tête appuyée sur les fenêtres, en finissent par oublier leur nom. Quand le convoi s'arrête en pleine forêt, dans une clairière, ils sont redevenus les enfants qu'ils ont été.*

INDUSTRIES PERDUES

L'Amérique, dit-on, est une terre de contrastes. À quinze minutes de Chicago, des châteaux de son centre-ville, de leur faste gothique ou moderniste, Gary est une zone sinistrée. Il paraît que Michael Jackson est né ici. À mon avis, on dirait plutôt une chanson de Bruce Springsteen.

Derrière les fenêtres barricadées des maisons — on les imagine autrefois aussi belles que celle des Hemingway — les cols bleus ont troqué la flamme des industries perdues pour le travail discret des brûleurs Bunsen. De retour à Montréal, Justin, hôte de la guerre chienne de ma dernière nuit à Montréal, m'assurera que Gary abrite, derrière les fenêtres barricadées des maisons vermoulues, des laboratoires de fabrication de cristal meth. *De la vitre, Patrick B., de la vitre.* Ses habitants ou drogués atterrés, ou retraités entêtés, sont victimes de deux variétés d'inertie.

Nous avons de la difficulté à croire à la désolation qui nous entoure, à l'opacité des ruines. Je devine, au passage, une fenêtre ouverte. Un rideau blanc bat au vent, comme le mouchoir d'un au revoir. Nous carburons à l'espresso, mixture diurétique notoire. Ce n'est certes pas le moment d'avoir envie. Sous l'auvent d'une station-service désaffectée, deux béances dans l'asphalte indiquent le lieu où on a arraché les pompes. Je crois qu'ils ont perdu la clef des toilettes. La circulation des stimulants dans l'organisme accélère la fluidité de la pensée.

Je propose à Patrick d'arrêter pour filmer ce battement dramatique de vie au milieu des ruines. Aussitôt descendus, deux hommes apparaissent au coin des rues. De grands Noirs décharnés, arborant des casquettes à des angles périlleux. Ils s'adressent un signal manuel, à la manière des lanceurs de baseball, convergent lentement vers nous. Michael Jackson — comme Fred Astaire — a déjà affirmé qu'il dansait de rage. Je ne sais trop quelle flamme brûle dans le cœur de ces gars-là, mais ils n'ont pas l'air d'avoir beaucoup de patience pour les bons sentiments. Ils pourraient vite revendre notre caméra aux antiquaires qui magasinent sur eBay. Nous faisons semblant de ne rien voir, prenons tout juste le temps de capter le mouvement d'au revoir du rideau, et remontons à bord. *Goodbye, you all.*

Nous nous égarons en tentant de sortir de la ville. Ce qui ne règle rien à notre anxiété d'uriner. À l'extrémité de la principale, la raffinerie, suintante de suie, rouillée jusque dans ses moindres replis, crache des flammes vaines vers le ciel. On dirait une épave intergalactique, un météore mystérieux, échoué tête première ici, sans plus savoir pourquoi, et tentant vainement de redécoller en crachant du feu vers le ciel. L'homme noir, dans ses bleus de travail, boîte à lunch en main, qui retourne travailler, nous regarde faire demi-tour devant la clôture grillagée qui mène à l'usine. Elle brûle et rouille aux abords. Gary s'étend comme un *blast area* autour de cette triste déflagration. Noyau dur d'industrie perdue. Pauvreté qui rayonne. Honnête homme, ainsi survit ta demeure.

L'EFFET LAFAYETTE

Un plumet de fumet, malléable comme le hasard, flotte en direction voulue (est) au-dessus des toits de South Bend. Une autre de ces villes dont on ne pensait rien, mais absolument rien, avant d'y arriver. On voudrait que le hasard y fasse bien les choses. Son nom, *croche sud*, déjà, n'évoque qu'une direction à prendre avant de repartir. Nous nous demandons où nous allons dormir.

Nous avons faim, et Patrick évoque la découverte, alors que nous voyagions, en 2007, en poursuite de la migration annuelle des papillons monarques, du Lafayette Inn dans la bourgade de Marietta en Ohio. On y servait un parfait *gumbo,* une irréprochable soupe aux haricots. Le souvenir de ce séjour est amplifié par l'allure de la façade de brique rouge à notre gauche. Hélas, ce n'est pas un hôtel, plutôt un immeuble administratif. Nous lisons son nom gravé dans la pierre du fronton :

LAFAYETTE

Nous ne savons pas encore que nous ne dormirons pas à South Bend ce soir, mais nous commençons à nous en douter.

Les chevaux kinétoscopes

Un long espace de stationnement s'étend au centre de la ville, le long de la promenade. Nous garons la Blue Rider à vue de la façade néo-classique d'une succursale de la Bank of America. Comme à chaque extinction du moteur après un long trajet, je vis un moment d'étrange fatigue. Mes pensées, à force de trembler en harmonie avec le moteur, ont adopté des contours flous. J'ai de la difficulté à me rajuster aux évidences du réel. Ce matin, les journaux titraient :

American Warships
off the Shore of Korea

Nouvelles de guerre lointaine. Je crois deviner, du coin de l'œil, une troupe de chevaux en cavalcade, museaux, crinières, fendant le vent d'est, un carrousel vivant faisant la ronde au premier étage de la Bank of America. On dirait les images intermittentes d'un film des premiers temps. Pourquoi pas une séquence oubliée du *Birth of a Nation* de D. W. Griffith ? Des chevaux de la guerre civile, abandonnés par leurs cavaliers morts, excités par la violence des détonations, galopent sans raison sur la plaine des combats. Nous sommes transis de froid, et le vent, coupant, souffle avec une rare violence. La guerre est finie, et les chevaux kiné-toscopes ruent contre le froid.

L'image s'estompe. Les chevaux sont des drapeaux américains, battant en séquence, chacun légèrement décalé par rapport au précédent, exactement comme les figures d'un kinétoscope.

Des images en cavale se précipitent devant mes yeux. Des tournures américaines, que je n'arrive pas à retenir, m'arrivent au grand galop. J'écris immédiatement, dans mon carnet : *The US flags waving east in front of the nightlit building in South Bend, for an instant, look like a flock of runaway horses zoetroping through the first floor windows.*

CE QUI EST ICI ICI

Au sud du centre-ville, quelques tours de verre, *hotels and convention centres*, s'alignent près de la rivière. Deux ou trois restaurants à l'atmosphère feutrée laissent promettre un peu d'urbanité au voyageur fatigué. Deux d'entre eux se font face dans une galerie marchande des plus postmodernes. *Strip mall.* Baies vitrées. Phosphorescences tamisées, égales. Gauche : tables pour deux. Droite : domination du bar.

Droite. Nous nous installons au comptoir, dans nos vêtements froissés, pour l'apéro. Après tout, nous sommes latins. C'est dans nos habitudes. Mon américain intérieur me dit que *You shouldn't feel too self-conscious, guys.* Le barman a les cheveux gominés, la chemise blanche, le pantalon noir du rôle. *American zoetrope.* Deux verres du merlot de Francis Ford Coppola, en l'honneur des chevaux kinétoscopes.

Le vent dessine des lacets autour de nos vies. Les choses ont tendance à revenir à leur point de départ dans ces parages. Notre barman, qui est trop jeune pour avoir définitivement abandonné ses études, nous raconte qu'il a repris le chemin de South Bend, a décidé de s'installer de nouveau dans sa ville natale, après un bref épisode californien.

— *I came back from college — not* UCLA — *because it was time to move on.*

Cela veut habituellement dire *aller ailleurs*, non pas *revenir chez soi*. Ici, où des chevaux imaginaires sont captifs au premier étage d'une banque, solidaires du drapeau national, l'évasion n'est pas évidente. Bien qu'il soit revenu chez lui, le jeune homme semble maintenir une distance respectable par rapport à la réalité immédiate.

— *What's here?*

— *Notre-Dame, the two theatres and nothing else.*

L'Université catholique de Notre-Dame, à un pas de South Bend, entretient une équipe d'hommes véritables. Ce genre de rituel me fait encore une fois penser à Notre-Dame-de-Grâce, à l'extrémité orientale de la rue Sherbrooke, où le campus Loyola de l'Université Concordia, avec son terrain de football et sa chapelle en face, est le portrait tout craché des villes collégiales américaines. *Notre-Dame, Notre-Dame-de-Grâce.* Décidément, les choses tournent et retournent autour de leur point de départ.

Le barman nous apprend que les pétrolières ont trouvé de nouveaux gisements à proximité. On fend les sols pour y exploiter les gaz de schiste. Les chambres des hôtels locaux sont entièrement occupées par les équipes de forage. Qui sait, Notre-Dame pourrait y recruter de nouveaux équipiers?

South Bend, où l'on fabriquait autrefois de luxueuses Studebaker, est devenue une ville de conventions d'affaires, où les conventionnaires arrivent en voitures louées à l'aéroport régional. Dans les couloirs du Hilton et du Holiday Inn, les *rig monkeys* accoutrés de salopettes couvertes de suie, de casques de construction, de guêtres de caoutchouc, ont remplacé les hommes en complet veston, les femmes en tailleur talons épingle, en permission de leurs vies de famille. Cette fois, plus d'adultère au fond des chambres scellées. Ça boit du fort, ça joue aux cartes, ça humilie le faiblard du groupe.

La fatigue me joue des tours. Ce ne sont que des images en tête. Sans doute que je me trompe encore. Calme tes grands chevaux, Daniel.

L'homme au noir

Le vent fait claquer les drapeaux comme des fouets. Les chevaux kinétoscopes ont quitté le premier étage de la banque. Nous nous empressons de rejoindre la voiture.

Un homme noir, dans un long imperméable froissé, nous a aperçus. Il s'approche en nous houspillant. Comme le froid, nous tentons de l'ignorer. Il est tout près. Il a l'air enragé. Il nous quémande de l'argent. Insiste. Je tente de demeurer poli.

— *I'm sorry.*

— *What are you sorry about? I'm the one that's homeless. Why don't you help me?*

Je referme la porte. Il se poste devant le camion, continue de nous haranguer à travers le pare-brise. Je discerne de l'écume aux lèvres. J'ai vaguement peur. Enfin, il retrousse sa manche, pour nous montrer son bracelet d'hospitalisation.

La cavalerie a abandonné la banque. Rien à l'affiche aux deux théâtres. Ce soir, nous sommes le seul public en ville.

S'endormir au volant

Notre sommeil est ailleurs. Voyager suppose de tempérer ses attentes. Nous nous éloignons de South Bend dans une nuit épaisse comme une flaque de pétrole. Nous n'y avons pas retrouvé le luxe abordable du Lafayette. Des chevaux, qui ne demandent pas mieux que de rejoindre ces routes, y tournent en rond au premier étage d'une banque. Personne ne roule en Studebaker. Un patient d'hôpital qui a perdu son lit court les rues dans un imperméable d'emprunt, prévoyant la pluie froide qui fera redoubler sa hargne. Tous les lits de la ville sont occupés par des hommes carrés, couverts de suie, qui s'endorment pesamment, comme on sombre au fond d'une flaque d'huile. Au moins, eux rêvent encore à leur fortune.

Les oiseaux de rechange

Des stations-service brillent dans la nuit américaine. Points de lumière au milieu de nulle part, qui nous confortent dans l'idée que nous allons encore quelque part. Pour le voyageur fatigué, toutes les raisons de s'arrêter sont précieuses. Dans une telle obscurité, un froid qui force à rouler fenêtres fermées, le paysage ne semble plus qu'une image projetée sur l'écran du ciel, un film vieilli, embrouillé par le temps et la noirceur. Nous ne sommes pas seuls à penser ainsi : les voitures s'entassent autour de l'îlot lumineux de la station-service. Nous trouvons une place sous un panneau publicitaire, défraîchi, doublé. À l'arrêt du moteur, les signaux du monde extérieur nous rejoignent.

Le froid nous frappe de plein fouet. Le pépiement insistant, aigu, d'une volée d'oiseaux, se mêle au vrombissement sourd de l'autoroute. Je lève la tête vers les panneaux. Des centaines d'oiseaux ont trouvé refuge contre le froid entre les panneaux publicitaires. Je ne me souviens pas du message de la réclame, que du signal insistant de la volée, son pépiement panique, à un pas du vacarme de l'autoroute.

Les oiseaux de rechange, volant vers la chaleur, ont été surpris par le froid. Ils se sont fait un nid où il ne faut pas. Comme nous, ils ne trouvent plus le sommeil qui leur revient. Aux abords des autoroutes, leurs cris n'éveillent personne.

Des Canadiens errants

Le gros guide touristique que je m'efforce encore de lire, malgré l'heure tardive et la fatigue, soutient que nous parvenons, à Elkhart, en territoire amish. La ville n'est pas un de ces quadrangles fermiers, constellés de silos et de granges, où des carrioles sillonnent les rangs. Arrivant aux limites de la ville, nous croisons l'usine Hummer, véhicules chers aux chanteurs de hip-hop et aux interlopes dont ils se font les émulateurs, *drug lords* blindés d'orgueil *bling bling*, qui ont su réactiver le rêve américain par leur esprit d'industrie douteux.

Nous entrons dans le cœur venteux d'une autre ville d'industrie perdue. Allons, revenons, par les avenues du centre-ville. Tout au bout de la rue principale, là où elle chavire de nouveau vers les grands chemins, il n'y a qu'une façade illuminée. Pendant notre ronde du centre-ville, nous ne croisons, dans notre camion coiffé de vent, que deux voitures de patrouille. Patrick exprime ses soucis, en souvenir des questions frontalières. Il m'assure qu'une des voitures constabulaires nous traque de loin. Nous vivons une époque hautement surveillée. Hier, Emmanuel m'apprend qu'il sait à tout moment où se trouve son téléphone. C'est aujourd'hui un fait ordinaire. Les officiers ont troqué leur petit carnet noir pour un terminal informatique. Patrick Beaulieu : nom, historique, immatriculation. La base de données archive et dispose de tous les doutes. *Please drive on.* J'ai de la difficulté à bien voir, par le rétroviseur, la petite lueur du terminal de bord, brillant sur le visage inquiet, peut-être hostile, de l'agent. Je rassure Patrick en riant : *Even the police can't stop the wind.*

Nous garons la voiture devant la façade illuminée, risquons l'entrée au café, en cowboys de minuit. Le décor est celui d'un *diner* ordinaire.

SWEET CREAMS

SODA SHOP

Open 'til midnight, on dirait. Une vitrine à condiments, l'anatomie des mets. Depuis l'arrière-boutique, on entend la rumeur d'un band qui s'accorde en papotant. Une dame bien-portante, d'une cinquantaine d'années, auréolée de boucles grises, apparaît sous l'arche de la porte. C'est la patronne.

— *Hi, I'm Debrah.*

Elle nous accueille en souriant. Nous lui expliquons notre faim. Elle nous rassure qu'elle peut encore cuisiner pour nous. Spécialités germano-américaines, *noodles and sauerkraut*, même à minuit. Passez à l'arrière-boutique, pour profiter du concert.

Vous ne devriez pas laisser la voiture devant. *They'll hit you with a hundred dollar parking ticket. Park her on the side.* S'il y a tant de policiers par ici, et plus de waitress ce soir au café, c'est que *Her car*, celui qui est derrière la Blue Rider, avec son rétroviseur tordu, *got hit*. Peut-être par un des brigands en Hummer ? Par son petit ami échaudé ? Les agents patrouillent dans les rues d'Elkhart à la recherche des potentiels voleurs de voiture, qui ne sont définitivement pas nous. Si vous souhaitez arrêter de vous raconter des histoires, vous pouvez consulter la base de données. La voiture « frappée » est maintenant garée derrière la nôtre. Tout ce qui manque à la scène du crime, ce sont les voleurs. Seuls signes d'agression : ce rétroviseur tordu, une serrure forcée. *The times, alas, they are a-changin'.*

Time for a song. L'arrière-boutique est une sorte de salon au mobilier disparate : trois sofas dépareillés, des tables basses et des lampes à abat-jour, un piano droit, des tableaux de brocante, quelques tables pour manger sa choucroute. Les musiciens, disposés en cercle au fond de la salle, nous saluent discrètement, d'un hochement de tête. Un banjo, une guitare, une contrebasse, un tambourin, un vibraphone et un violon. La violoniste, d'une vingtaine d'années, est la plus jeune. Les autres sont de l'âge de Debrah, et ils ont connu les jours meilleurs d'Elkhart, ce qui ne les empêchera pas d'encore s'amuser. Entre les pièces, ils discutent de tout et de rien, tout bas. Ils n'ont pas l'air de si bien se connaître, *but they have the music*, et la confiance que les beaux jours peuvent toujours revenir.

— …

— *Is there a bridge in town you can safely go across?*
— *If you really love music you play for yourself.*
— *There's two of them. That's our biggest audience yet.*
— *I'm from Indiana. When I was a kid, they used to call us swampers.*
— Did you ever get called that?
— These boys are from Québec.
— ...

Ils nous écoutent d'une oreille et se mettent à jouer « Un Canadien errant ». Après, le banjoïste chante « *Has anybody seen my gal?* » Dehors, les policiers sillonnent les rues, se dévouent à la recherche des vandales qui ont emporté avec eux une waitress invisible.

La nouille à la choucroute est lourde, et toute bonne chose a une fin. Après le concert, Debrah nous invite à passer à côté, dans la galerie d'art. Ce petit groupe a des hobbys bien diversifiés. Le banjoïste, sculpteur de surcroît, nous explique qu'Elkhart était une ville d'art, pendant les jours meilleurs, jours d'industrie et de guerre froide, où, abritant la plus grande gare de triage de l'Est américain, la ville était une des cibles désignées d'un éventuel bombardement nucléaire russe, qu'à l'usine proche, avant l'époque Hummer, on sculptait des bâtons de batterie Zildjian et des clarinettes, et que ces compagnies mélomanes, dévouées au bonheur de la ville, offraient à tous les enfants des leçons de musique gratuite. *Avant les enfants parlaient musique.* Ce soir, les irréductibles ont joué pour nous. Ce sont eux, aujourd'hui, grandis ici, qui jouent en chœur avec des étrangers, *hoping that the good old times will walk through the door again.* Un des musiciens s'appelle Ray Deforest. Un des musiciens s'appelle Roger Bram. *Good night Debrah, Deforest and Bram.* Ils n'ont jamais endis-qué, malgré leurs noms. Un vent froid souffle du large. Les temps nucléaires, temps de prospérité perdue, nous ont épargnés. *Sleep tight my friends.* Votre ville cache des voleurs de voiture et d'autres insatisfaits américains, dans les Hummer du mépris, baptisés pour un son, mais ce soir, il est grand temps de dormir. Demain est un autre jour. Il nous faudra des forces pour rêver mieux.

NUIT ROUGE,
MOTEL BLEU

Chaque ville des États-Unis a déjà été une capitale d'industrie. Je me dis que quelque part en Amérique, on manufacture des chambres de motel. Aujourd'hui, c'est cela qui met du pain, de la joie, et peut-être de la musique aussi dans la cuisine des familles.

La porte d'à côté, le Days' Inn, un motel bleu. Ici, c'est le Red Roof Inn. Ma chambre y semble le double, plus propre, et moins odorant, de celle que j'occupais sur Dream Avenue, à Cincinnati. Le vent siffle entre le motel rouge et le motel bleu, et ce n'est pas une chanson, plutôt une menace.

Par ma fenêtre hermétiquement scellée, je vois un homme, adossé au pare-choc de sa voiture, les mains dans les poches. Il semble fixer les fenêtres allumées du motel. Je ferme les rideaux. Il disparaît.

Je vais me doucher. Je disparais dans un nuage de buée. Quand je reviens, je risque un nouveau regard entre les rideaux. Un ami l'a rejoint. Ils attendent, les bras croisés, adossés côte à côte au pare-chocs de la voiture. Le vent sifflote une chanson inconnue, vaguement inquiétante. Ces deux-là sont-ils trop jeunes pour avoir appris à jouer d'un instrument ? J'ai très besoin de sommeil, mais je sais que les voleurs de voiture ne dorment pas. Toute la nuit, ils traquent, de motel en motel, les waitress en cavale. Mieux vaut refermer les rideaux. Faire semblant qu'ils n'existent pas. S'endormir avec la pensée que des chevaux inexistants loin de tout galopent.

5

EST

ELKHART À CLEVELAND

LE FRONT FROID

How long and deep is a day? En cette première nuit de décembre, il a neigé. Ce matin, dans le ciel au-dessus du motel, un vol disjoint d'oiseaux plane dans la grisaille, le lent tourbillon de la nouvelle neige. Ils semblent des *X* infimes, spécimens d'une espèce intangible.

Nous croisons un peu partout des nuées d'oiseaux déplacés. Les bernaches de Dream Avenue nous auraient-elles suivis jusqu'ici ? Je les imagine solidaires de notre quête. Comme nous, elles doivent trouver n'importe quelle raison de poursuivre leur migration. Elles étaient en tout cas bien trop grasses et gourmandes pour finir entre les panneaux d'une réclame au bord de l'autoroute.

La neige étonne, si tôt dans l'année. Au moment du *check-out*, le préposé, coiffé de sa casquette — les gens ne prennent pas l'hiver assez au sérieux, dans ces parages — nous explique que les motels Bleu et Rouge se trouvent au beau milieu d'un corridor climatique. Un front froid amplifié par l'étendue vide des Grands Lacs, dont les exhalaisons humides s'amalgament à l'air, transforme la pluie en neige. Si on m'invitait au Discovery Channel, je pourrais affirmer : *Les lacs sont des transformateurs de vent, des générateurs d'humidité et des catalyseurs du froid.*

Dans cette ville du Front Froid, tombée en déréliction avec la fin de la romance nucléaire, les vents s'affrontent. Les oiseaux auguraux reviennent avec eux, nous rappeler que la terreur, issue de cette guerre qui n'a pas eu lieu, serait arrivée par le ciel.

La main du destin

Une arrière-pensée pour chaque ville. Bien qu'Elkhart ait été dans la mire de l'Empire rouge, c'est plutôt Gary, au seuil de la ville des vents, qui semble la victime d'un bombardement. NUKETOWN, USA. Capitale des industries perdues, sur le front froid de la fortune, ses cheminées crachant dans le ciel les cendres d'un hiver nucléaire.

Ce matin, Debrah nous propose un petit-déjeuner aux splendeurs d'antan. Au menu : gruau artisanal, thé russe avec Tang (souvenir confus de la guerre froide et extrait de nectar capitaliste), rôties texanes et beurre aux pommes. *As American as apple pie.*

Une chienne amputée d'une patte joue entre celles de la table. Elle s'appelle Mazie Ilean. *Labyrinthe réclinant. Because she just cannot sit. She has to lean against you.* Il manque une patte à Mazie, un doigt à Debrah. Elle a à cœur la bonne fortune de cette ville, conserve le souvenir de ses anciennes splendeurs et l'assurance de ses rêves. La préposée de l'hôtel *Downtown Union Station* d'Indianapolis, à qui il manquait également un doigt, portait un magnifique tailleur. Bien qu'elle ne fût pas possédée d'une aisance à accueillir les étrangers égale à celle de Debrah.

Je ne peux m'empêcher de penser qu'en cette économie déclinante, où les grands parleurs — avocats, assureurs, investisseurs — dictent la règle du jeu, une prime d'assurance est la meilleure façon d'assurer sa fortune. *But the fortunes of disability depend on the team you root for.* Les garçons illicites de Gary sont certainement aussi habiles à formuler des signaux manuels que des entraîneurs de baseball. Et Patrick m'assure que le jeune préposé noir du motel de Dream Avenue écoutait le match en tapotant le comptoir d'un index de bois.

Gling. Un homme noir — il doit avoir une cinquantaine d'années — fait tinter le grelot de la porte, un petit garçon à sa suite.

— *This young one's fresh off the train...*

Elkhart Station. Entrée en gare du *Metamora Express*. Premier arrêt : DEBRAH ROWE'S SWEET CREAMS SODA SHOP.

— *I was born here. Used to come here as a kid.*

Il vante les crèmes glacées, les sodas d'antan.

Debrah promet que la crème glacée sera *cuite* demain.

— *Come back tomorrow, when the ice cream is cooked.*
La première neige a neigé. De la crème glacée cuite, au premier vrai jour de l'hiver. Il y a quelque chose d'émouvant dans cette contradiction apparente. Les rêveurs aux doigts coupés savent de quoi il en retourne. La logique des sacrifices est temporaire. *Good times ahead. Good times back.*

L'homme et l'enfant reviendront demain, quand la crème sera de nouveau prête. *Gling.*

Nous expliquons à Debrah que nous devons effectuer notre lecture du vent. Complice, elle nous invite à passer à l'arrière-boutique. Mais d'abord, elle tient à ce que nous nous arrêtions à la table que nous occupions hier, pour contempler un détail de l'architecture : la trace d'une main, inscrite dans le crépi du mur depuis plus d'un siècle. Les signes doivent avoir le temps de mûrir avant d'être révélés.

LECTURE DU TEMPS

Un minuscule ascenseur, aussi étroit qu'un placard, est dissimulé au fond de la salle du concert d'hier soir. Passages secrets, conforts discrets de la maison : Debrah nous révèle qu'un de ses livres préférés est *The Wind in the Willows*. En cas de guerre nucléaire, l'humanité aurait été forcée de se réfugier sous terre, dans les abris bétonnés d'attente.

MR. BADGER confie à MR. TOAD : *Underground, everything becomes clearer.* À l'étage, le sas de l'ascenseur donne sur une porte de bois ordinaire, qui révèle un long loft jonché de curiosités. De l'ottoman. Un paravent drapé d'étoffes. Des fleurs. Le fatras parfumé de toute une vie. Décidément, le Sweet Creams Soda Shop n'a rien à envier à Toad Hall.

Nous pénétrons dans la pièce d'à côté, une sorte de débarras. Debrah nous explique que c'est son atelier pour projets domestiques inachevés. Une fenêtre à guillotine surplombe un sofa cabossé. Une marche molle à monter pour ressortir sur la toiture. Debrah nous propose de passer par ce sas improvisé pour effectuer notre lecture du jour. À mon tour d'être MR. BADGER. Je grimpe. Je soulève la fenêtre. Le vent siffle. Des flocons se déposent aux quatre coins de la pièce. C'est joli. Patrick me tend la manche à air.

Nous traversons dans le vent d'hiver. Le Sweet Creams Soda Shop surplombe un écheveau épais de voies ferrées. Ce matin, la perspective est dégagée, et les rails semblent s'étendre à l'infini. Je me poste au coin de la toiture, relève le col de mon manteau marine, manche à air en main. On dirait un des vainqueurs d'Okinawa, attardé sur le tertre de la victoire.

Ou peut-être une statue romaine. Les flocons dessinent des rosaces. Au loin, un train approche. Le temps de son passage, Patrick me filme. La froideur de métal du mât transperce mes gants de cuir. Je pense à la chaleur du refuge de Debrah. J'ai de plus en plus froid aux mains. Il est plus seyant de faire semblant que cela ne me fait rien. Je n'y perdrai pas un doigt.

MONUMENT AUX COMBATTANTS

Passés la zone industrielle d'Elkhart, dans les champs aux abords, nous sommes témoins d'une battue, très lente, et très peu dramatique. Les chercheurs, arborant les vestes à carreaux vifs des chasseurs, ne bénéficient d'aucun soutien aérien. Au bord de la route, un vieil autobus scolaire attend de ramener les chercheurs à la maison. On dirait le souvenir d'une guerre égarée. Ou peut-être cherchent-ils encore les voleurs de voiture, pour les forcer à remonter dans l'autobus scolaire de leurs enfances perdues? Rien de mieux que de s'abandonner à un jeu pour oublier l'hiver qui commence, et tout ce qu'on ne parvient plus à retrouver.

VENTE DE VENT

J'ai de la difficulté à faire abstraction, en traversant ces campagnes américaines, de la guerre civile qui a présidé à la naissance de la nation. Des jeunes hommes, dans leurs uniformes gris et bleu tachés de sang et de boue, taillés par de lointaines sororités éplorées, s'enlevaient la vie au mousquet, à la baïonnette et au sabre. Ils se répondaient par la bouche de leurs canons. *Red badge of courage. Confederate blue. To make and unmake a man, it takes all kinds. To make and unmake the world.*

Le long de ce chemin froid, nous croisons nos premiers Amish : une carriole, compacte et noire comme un corbillard, opaque comme une burqa, frôle discrètement le terre-plein. Le mort, ou la proscrite, s'y tiendrait assis. Notre camion ailé de vent ralentit, à sa remorque, pour entrer à Shipshewana, Amishinia.

Nous pouvons tous apprendre à vivre autrement. Les Amish, qui ont de toute évidence fait des concessions au commerce, se sont adaptés aux goûts du jour. Nous garons la Blue Rider dans le stationnement de la quincaillerie des cultivateurs, qui nous relaie un appel évident du vent : quadrillage de girouettes posées sur des socles au sol, tournoyant en accord, accueillent les visiteurs au seuil de la ville. La conception de ces vaines éoliennes n'a rien à voir avec l'appareil minimal qui couronne le camion : les girouettes offertes à la vente sont ornées de couples de fermiers à la *American Gothic*, de bovins souriants et autres ornements kitsch. Parmi ces choses au goût du temps, nous ne décelons rien qui vaille notre *V* ailé, bien qu'il se trouve au milieu de tout cet attirail quelques chefs-d'œuvre de retenue en fer forgé. Malheureusement, ils nécessiteraient, pour se déployer dans toute leur gloire, l'achat d'une grande grange de bois plutôt que d'un camion à benne. Nous aurons à nous procurer des souvenirs plus discrets.

Une chose est certaine, cependant, le front froid se maintient ; il continue à neiger, et, dans ce climat, mes semelles de vent ne font plus tout à fait l'affaire.

Bleu réglementaire

Les Amish, quand on les voit enfin de près, portent des chemises du bleu réglementaire des confédérés, des barbes à mi-cou comme les généraux et les Abraham d'antan. Seul détail qui jure : ces espadrilles coussinées et modernes, fabriquées en série dans des archipels tropicaux. Je les remarque d'abord au café, dépassant de l'ourlet des robes à la mode des nonnes qu'arborent galamment les jeunes beautés élancées, aux traits scandinaves, qui assurent le service.

Il commence à faire froid, chères demoiselles. Bientôt, ce ne sera plus la saison.

Je commande un excellent café au chocolat. Parfait plaisir d'hiver. Nous avons quitté l'empire de l'image. La musique joue tout bas. Je ne me souviens même plus de l'air. *Is this the sound of silence?* Il n'y a plus de télé pour ne rien rater de ce qui se passe, *play by play by play*, dans les stades. Par contre, l'ardoise confirme l'omniprésence du mets national. Nous sommes encore sur la piste du cheeseburger, qui serpente subtilement à travers l'Amérique, traversant les lieux les plus improbables. Les hommes installés aux tables, toutes générations confondues, viennent juste de revenir des travaux matinaux. Ils partagent à voix basse leurs pensées sur la récolte, la vie des bêtes, en sirotant leur café. Patrick et moi n'échangeons pas mot. Nous nous contentons d'écouter le silence. Je remarque que les plus jeunes risquent parfois un regard de côté aux beautés affairées. Les patriarches sourient doucement dans leur barbe.

Se souviennent-ils quand Harrison Ford, dans *Witness* (1985), s'est caché ici pour sauver un enfant amish qui en avait trop vu, tomber amoureux d'une femme aux yeux bleu d'outre-monde et se faire jalouser par un jeune homme blond qui, dans d'autres conditions, serait devenu son meilleur ami? Cet homme est un rival d'une autre civilisation. Ce n'est pas son film, mais celui d'Harrison et le nôtre. Tout cela est de bonne guerre. Si on vit en Amérique, il n'y a rien à faire : l'image nous pourchassera partout. Pour y échapper, il faudrait savoir courir aussi vite que Cary Grant, ou se cacher dans sa barbe, comme dans un autre temps. *And the vision that was planted in my brain / Still remains / Within the sound of silence* (Paul Simon, 1964).

Calme-toi, Daniel. Ici, même le café conspire à la contemplation. Derrière la fenêtre, la neige s'accumule sur les champs. Le magasin général se dresse de l'autre côté de la rue. La chaleur du café, la béatitude du blanc, du bleu, ralentissent le temps. Libérés du tremblement du moteur, attentifs à la douceur ambiante, nous revenons à nos corps. D'un commun accord silencieux, nous concluons que l'hiver donne froid aux pieds, et qu'il serait bon de mettre à jour notre garde-robe à la mode amish.

LES SINGES AMÉRICAINS

Nous arrêtons d'abord à l'épicerie, histoire de faire des provisions pour la route. C'est un entrepôt sans ornement, au plancher de lattes claires, où on trouve tout le nécessaire à l'alimentation des familles bleues. Des mères et des enfants descendent et remontent tranquillement le long des allées avec leurs paniers à poignée. Même la lumière des tubes fluorescents semble plus sereine. Un magasin pâle, pour des gens d'une pâleur apaisante. Les denrées sont empaquetées sans apparat. Sur les étalages de fer, on trouve peu d'images de marque. Des emballages de plastique transparent pour les graines et les céréales. Des boîtes de conserve de métal nu, où on a apposé des étiquettes blanches, qui affichent laconiquement le nom de l'aliment. Les bonbons sont présentés sans fantaisie, en vrac. On devine, en détaillant le contenu de l'épicerie, que les Amish ont bon appétit, qu'on s'alimente sainement, joyeusement autour des tables d'Amishinie. Nous considérons le rayon des fromages. Des réfrigérateurs bas, remplis de formes emballées de papier ciré. *Ce pain est mon corps.* Nous choisissons une miche, le repas le plus simple, passons au tiroir-caisse entre les familles béatifiques et bleues.

Manger n'est pas tout. Il faut penser à s'habiller. La mercerie d'à côté est logée dans un entrepôt de planches au toit pentu. Triangle sur rectangle. Figure commune et minimale d'une façade américaine. *Thank you Elder Euclid.* L'intérieur fait penser à un Walmart au ralenti, en plus *cozy.* Tous les angles y sont obliques. Des bacs de bois ont été disposés sur les deux moitiés de l'allée centrale. À droite, les vêtements des familles, de l'épouse et des petits. À gauche, les vêtements et les accessoires nécessaires pour travailler aux champs ou élever une charpente. À l'arrière, des bobines de tissu, du matériel de couture. Au milieu, les comptoirs-caisse, opérés par des dames affables. À gauche pour les chaussettes ?

En ces jours *installatifs*, l'artiste visuel est constamment appelé à visiter la quincaillerie à grande surface. Patrick prend une paire de gants de travail. *The price is right.* Pour la forme, je choisis des gants de cuirette blanche, dont le tissu brille d'une subtile lueur turquoise. Ils sont doux et délicats comme du papier. Je choisis aussi une paire de gants blancs, comme en portent les prestidigitateurs en redingote, ou les monteurs de films argentiques. Puis nous nous concentrons sur nos pieds froids. Deux paires de chaussettes Wigwam. Deux paires de chaussons bleu pâle, lignes blanches, rictus rouge au talon. L'étiquette explique comment les transformer en *sock monkeys*, si on a le don de la couture. Les chaussettes sont bon marché. Je songe, de nouveau, à la chaleur d'une demeure. Et je me demande : combien de singes à chaussette vivent parmi les Amish ?

Notre activité principale en territoire amish aura été le magasinage, dans la lueur tranquille d'un monde ralenti, à un pas du reste. Un instant de relâchement, le temps de repenser à nos mains, à nos pieds. Remontant dans la Blue Rider avec nos emplettes, nous prenons un moment pour doubler nos chaussettes. Patrick enfile ses nouveaux gants de travail, saisit le volant et redémarre. Nous repartons le pied heureux. *Once upon a time, this is what it meant to live here.* Au revoir Amishinia. *We're going back to America.* Nous sommes des voyageurs aux pas feutrés et au toucher délicat, et nous rapportons ton silence en elle.

Le patron quadrangulaire

La route instille en nous une science des attentes. Les voies secondaires, traçant à travers la campagne, aboutissent en général sur des places quadrangulaires. Au milieu, pouvoirs conjugués en un bâtiment central : mairie, cour municipale, poste de police. Le voyageur stationne son véhicule autour de sa pelouse manucurée. Entreprend d'explorer les quatre angles sans avoir l'air trop suspect.

En face du siège du pouvoir, un bureau d'avocats, et un *parole officer, to keep the danger boys off the street*, pour rappeler ce qui peut nous arriver de l'autre côté de la rue si on ne veille pas à cacher ses intentions. Si l'échoppe du barbier est ouverte, les garçons hirsutes auraient d'ailleurs avantage à se faire trimer les pilosités excédentaires afin de passer inaperçus. *N'est-ce pas, Patrick?*

À la brocante, le temps passe le temps. Je sais, je sais. Quelques réelles antiquités s'entassent dans une grande pièce mal chauffée, parmi les résidus de la consommation récente, souvenirs d'enfance rescapés du sous-sol des familles. L'on y retrouve ses jouets négligés, consoles de jeux vidéo vétustes, jeux de société oubliés, figurines où l'image de l'avenir autrefois s'arrêtait, cartes postales du vent, échouées là au bout des vents chroniques.

Tout près, il y a d'autres façons de se réchauffer le cœur. On peut passer devant la vitrine comblée de fleurs et de douteuses scènes de porcelaines du *gift shop* en entretenant des pensées positives pour sa mère. Pourquoi ne pas s'asseoir au café avec un vieil ami pour papoter autour d'une pointe de tarte américaine à la mode et carburer au café noir? Sinon, il y a toujours le bouiboui mexicain, *aka the Mexican joint*, où les citoyens de la langue secondaire tentent de prospérer en préparant des plats ethniques plutôt que de laver les planchers des autres. Les hobbyistes, dont certains pourraient être des fabricants d'armes secrètes, peuvent encore s'équiper au RadioShack, qui au Canada a perdu son nom à la fin de nos enfances, pour devenir *La Source*, raison sociale aux accents théologaux. Et puis il y a toutes ces devantures qui ne cachent rien qu'on sache, peut-être rien qui vaille, et les visages trop rares de ceux qui osent encore tourner en rond sur ces places publiques, sans risquer un regard franc vers le siège du pouvoir local. *Rappelle-toi les bons vieux jours, mon vieux.* Regarde toutes ces façades aveugles. Rappelle-toi les maisons murées, les banlieues de bois mort, les usines qui ne fabriquent que de la rouille et de la fumée. Il ne reste ni grand monde ni grand espoir au cœur du plan quadrangulaire.

LA NUIT DES GLUS

Dans des films des années 1970, des puddings radioactifs s'attaquent à l'ordinaire de villes comme celles-ci. Rien ne sert de les combattre au nucléaire, car ils se repaissent à la radioactivité. Des omelettes mutantes, engraissées à la sauce postindustrielle, s'enfuient des salles à manger en préfini des motels, rampent rejoindre les immondices fluorescentes remontées du fond de la rivière Ohio, pour s'agglutiner en un magma meurtrier qui menacera de recouvrir l'Amérique entière. Elles sont l'engeance maléfique de la société de consommation, sa pensée réflexe, et leur appétit est sans fond.

The real America is waiting to happen at the bottom of the garbage bin. Derrière les fenêtres, les murs des maisons, au fond des ruelles, un série B se trame. À minuit, quand l'illusion du jour s'estompe, les chaînes câblées diffusent l'envers du rêve. Écoutez bien : *Votre téléviseur veut votre bien.* Il ne voudrait pas qu'il vous arrive ce qui lui est arrivé. Libérez-vous de ses lumières. Elles-mêmes glus, elles annoncent l'avènement des glus. Votre téléviseur ne voudrait pas qu'il vous arrive ce qui lui est arrivé. Il vous murmure son secret à minuit, pendant que dort le reste de la famille. Vous rappelle, en vous montrant ses monstres, qu'il n'en revient qu'à vous d'être le héros, même illusoire, de votre propre vie. Courez à vos voitures. Fuyez par les boulevards de ceinture. Filez loin des luminescences marchandes. Prenez les routes avant qu'il ne soit trop tard : *avant que vous ne vous soyez laissés trop loin derrière.*

Dans ces villes engluées, les étrangers sont les seuls à se promener en toute liberté. Des délateurs peuvent se cacher derrière chaque fenêtre. *Some of these people are much too square to tolerate the sight of strangers.* Dans la typologie aveugle des petites villes, il en revient à chacun de prouver son innocence. On ne sait jamais qui nous regarde de haut. Étranger, rejoins ta voiture. Quitte le quadrangle. N'attends pas que le bureau d'avocats et le poste de police ouvrent de nouveau leurs portes. Les clefs de ta voiture sont ton atout le plus cher. N'oublie pas qui tu es, et que tu n'es pas un des leurs. Tiens ton regard braqué au loin. Démarre, démarre ! *Drive on and don't look back.* File à plein régime, et accroche-toi à cette pensée : à force d'éloignement tout peut devenir une image.

La captive de broche

Le monde extérieur est froid. Il s'assombrit vite. La grande noirceur peut cacher des monstres, ou ceux qui leur ressemblent.

Les agglomérations que nous traversons semblent barricadées dans une nuit de plus en plus opaque. En tentant de sortir du centre d'une bourgade particulièrement misérable pour rejoindre la grand-route, nous partons dans la mauvaise direction. Dans l'espoir de faire un demi-tour, nous passons derrière les maisons. Le décor rafistolé, jonché de déchets de la ruelle, ses parois et les sols englués de substances difficilement identifiables, ne semble pas pouvoir tenir ensemble. J'ai l'impression nette que les devantures n'abritent rien d'autre que du vide et de la pourriture. Qu'il n'y a rien à manger dans les maisons que des restes. Que ceux qui habitent ici, s'ils ont depuis longtemps résolu de quitter ce lieu, sont engoncés dans une misère qu'ils ne reconnaissent plus comme une vie, qui les empêchera à jamais de bouger. Je ne suis pas d'ici et suis en l'ignorance des faits, ou d'une invitation à dîner qui me permettrait d'en vérifier la véracité. J'exagère sans doute.

Si nous nous sommes ainsi égarés, c'est que nous avions résolu de nous détourner du chemin des avaries, quitte à rallonger notre périple, et de rejoindre la route panoramique, numérotée 6, qui semble longer le rivage du lac Érié. Notre bonne idée a la vie courte. Il est tard, et l'horizon rétrécit à la minute. Quand nous quittons enfin la ville, la route semble bordée d'une noirceur complètement opaque. Il se pourrait bien que nous ayons manqué la sortie vers la route 6, ravalée par l'obscurité, ou que plus rien n'existe.

Au milieu de cette noirceur fuligineuse, une station-service illumine enfin un carrefour. Nous poussons la porte d'entrée, faisons tinter les grelots de l'espoir. À l'intérieur, un duo de menuisiers, perchés sur des escabeaux, travaillent à restaurer les frigos de bière au son de la face B de *Dark Side of the Moon*. Au comptoir, une jeune femme trop maigre, rongée par les substances qui menaçaient les maisons de Gary, et qui ont pu inspirer certains des accents psychédéliques du classique de Pink Floyd. Nous la questionnons sur la disparition apparente de la route 6. Lorsqu'elle ouvre la bouche pour nous répondre, nous constatons que sa dentition est entièrement recouverte d'un appareil orthodontique, aussi complexe que Brooklyn Bridge, qui rend sa réponse difficilement intelligible.

Un jeune homme à casquette, travaillé par les mêmes forces amincissantes que la captive de broche, et qui se révèle être son frère, offre de nous servir d'interprète.

— *Don't take Route 6, you'll only meet a bunch of assholes.*

Mieux vaut ne pas insister. Nous nous enquérons poliment d'un accès possible aux cabinets.

— *You wanna go to the washroom? We don't have a public washroom.*

— ...

Le silence doit être la meilleure stratégie pour convaincre un ventriloque.

— *Go up the stairs, it's left.*

La bienfaisance emprunte des voies mystérieuses.

ROUTE PERDUE

Les panneaux de la route 6 continuent d'échapper à notre attention. Nous filons encore dans la nuit continue, de plus en plus certains que nous nous sommes définitivement égarés, et que le sommeil, s'il vient, viendra trop tard. Lorsque nous aboutissons enfin au rivage du lac Érié, la surface des eaux semble avoir diminué. Ce qu'elle a perdu en superficie, la nuit l'a gagné en profondeur. Les étoiles s'absentent. Derrière le rempart d'herbes hautes d'un rivage marécageux, quelques habitations allument des lueurs d'espoir.

Nous débouchons sur une agglomération cossue. Quelques maisons de villégiature, alignées devant le rivage. Une quarantaine, tout au plus. Je me souviens d'un cul-de-sac, d'un retour vers la nuit, puis des usines encore, des banlieues encore, avant et après la route 6, qui serpente d'un nulle part à l'autre. *Where are the assholes? They're sleeping behind closed doors.* Nous rejoignons, par dépit, l'autoroute principale, son corridor noir, pour tracer le plus rapidement possible vers Cleveland, au bout de la nuit américaine.

Si par une nuit d'hiver

L'hôtel semble un palais restauré, un de ces châteaux de banlieue entre lesquels Frank Lloyd Wright glissait les constructions de sa nouvelle architecture. En face, Frank Gehry, dont c'est maintenant le tour d'être *le* Frank, a planté en pleine pelouse une sorte de parallélépipède

argenté. *Sleeping next to a Frank Lloyd Wright in Oak Park.*
Sleeping next to a Frank Gehry in Cleveland.

Il est presque minuit dans l'hiver précoce. Le préposé aux cheveux noirs gominés, yeux noisette et
complet trois-pièces me rappelle Max Fischer, le héros
intensément appliqué du film *Rushmore* (1998) de Wes
Anderson[20]. Nos circonstances sont moins dramatiques. « Max » nous explique que nous sommes en
plein cœur du quartier universitaire. *The action* se situe
à un coin de rue d'ici à peine. Il nous donne l'impression qu'il y prendrait bien part si ce n'est de l'arrivée
constante des voyageurs d'hiver à la recherche d'un lit
chaud, qui continuent d'apparaître sur le seuil en pleine
nuit. Un couple attend derrière nous, et il est grand
temps d'interrompre cette histoire pour s'aventurer
dans la froideur nocturne qui enveloppe Cleveland,
vers le réconfort d'une table et d'un verre.

[20]   Ce jeune homme bésiclé, en uniforme académique, endeuillé par la
disparition de sa mère et hanté par l'humilité de ses antécédents —
son père, qui ressemble à une version adulte et apaisée de Charlie
Brown, est coiffeur — faillit à ses études à force d'application parascolaire. Il s'abandonnera à un amour impossible pour une jeune
professeure de primaire, affligée par la disparition de son mari
océanographe, comme à une promesse de rénovation du monde.

J'ai découvert le film alors que je vivais à Vancouver, sur la côte
ouest d'Anglophonie. Des amis, qui l'écoutaient en boucle dans
une de ces maisons de bois devinées le long des routes, m'avaient

assuré de ma ressemblance spirituelle au personnage principal.
Je leur ai donné raison. Aujourd'hui, c'est à mon tour de visionner
ce film en boucle, qui ne manque jamais de me faire pleurer et
d'apaiser mes sentiments les plus contradictoires. Les voyages
nous confrontent à d'étranges reflets, qui révèlent des correspon-
dances et des solidarités inattendues. Physiquement, Max Fischer
me rappelle Dauphin Vincent, à l'époque où je l'ai d'abord connu.
Il prendrait le relais de l'odyssée, comme une image en recouvre et
en contient une autre.

The action se déploie à un carrefour en *V*, où la plu-
part des commerces sont fermés. Deux espoirs. Au
coin, une pizzeria à rabais, noyée dans l'éclat des néons.
À côté, un bar à l'éclairage aussi tamisé que la flamme
d'une chandelle, qui laisse présager une fâcheuse addi-
tion. C'est notre lot d'arriver quelque part au moment
où les villes s'endorment, de nous risquer à revivre dans
l'air froid de la fin du jour, où il faut aller vers ce qui
reste. Nous espérons, peu importe le prix, que le bar en
chiaroscuro serve à manger.

Aux yeux des étrangers que nous sommes, les quel-
ques clients restants, installés aux tables, sont des habi-
tués. Ceux-là ne nous chanteront pas une chanson. Nous
prenons place au comptoir, où un barman aussi jeune
et propret — chemise blanche, manches roulées, panta-
lon noir — que le préposé de l'hôtel, blondinet aux yeux
bleus cette fois[21], salue les voyageurs d'hiver. Je remar-
que, posé derrière le comptoir, sous l'étalage transparent

21   Le meilleur ami de Max Fischer est Dirk Galloway, un petit garçon
blond, issu d'une famille privilégiée, qui est le complice indéfec-
tible de ses entreprises les plus improbables.

des bouteilles de bourbon, une copie de la traduction américaine (1981) par William Weaver de *Se una notte d'inverno un viagaggiatore* (1979) d'Italo Calvino.

— *The kitchen's closed but there's drinks left.*

C'est l'heure de l'apéro pour ces voyageurs en déca-lage. *Two bourbons, straight,* pour lancer la conversation.

La face B de *Dark Side of the Moon* joue dans la nuit des garages. Cleveland abrite le *Rock 'n' roll hall of fame. This we know.* Le stéréo du bar enchaîne les voix vieillies du rock : Neil Young, Johnny Cash, Leonard Cohen. *One of these Days. One. Take this Waltz.* Les albums de la dernière heure.

— *Where are you from?*

We were born in a car. We've never been able to leave it. And now we've wasted all our fuel for conversation.

Il y a des choses qui ne se disent pas vraiment.

— *It's cold out there today, cold up there in Canada.*

La conversation dérive vers les réalités anciennes, enfouies dans la nuit immense et inhospitalière. Je me souviens, le long de l'Ohio, lors d'un voyage précédent, des silos nucléaires, ces *half pipes* de béton démesurés, du désir d'entendre la vérité dans une chanson de Bruce Springsteen.

La quiétude de Cleveland, le vernis bourgeois de l'hôtel et du bar étonnent. Où sont passés les trains? Cleveland, contrairement aux autres villes de notre passage, ne résonne plus du bruit du trafic ferroviaire. L'autoroute qui mène ici est cabossée. J'ai même lu dans notre guide touristique que la rivière Ohio, engorgée de déchets, s'est embrasée à la fin des années 1960. Les liens au monde extérieur sont de plus en plus ténus. Je me rappelle de la glu derrière les maisons, des déjeuners gluants — un matin je les rebaptise *giblojeuners* — nappés de *breakfast sauce™* servis dans les hôtels des chaînes, et je n'ai soudainement plus de difficulté à croire que l'Amérique ait pu transformer une rivière en gibelotte inflammable. La pollution est une alchimie inquiétante. Bruce and Johnny, où êtes-vous? Nous avons besoin de vous pour nous expliquer nos nouvelles misères.

La nuit porte conseil. Mieux vaut changer de sujet. Je désigne le *roman* de Calvino, cette aventure du lecteur où un nouveau roman recommence à chaque chapitre. Le barman nous explique qu'il étudie l'histoire de l'art. Qu'il aime lire des ouvrages difficiles. Expliquer et classifier, à la mode structuraliste.

DIRK : *We were talking about Joyce with a friend. Talking about the author, reader and narrator, and their distance.*

Je suis content de savoir qu'on lit les Italiens et les Irlandais à Cleveland. Il y a des choses qui ne changent pas, peu importe le lieu. L'auteur, le narrateur et le lecteur savent se retrouver partout. *Who needs to be on the road when you can read it?* Une longue liste de noms et de livres, d'enthousiasmes et de condamnations tempérées, défile au cours de la conversation.

DANIEL : *The world is constantly rediscovered, in and out of books.*

Il continue d'expliquer des choses. Patrick le questionne sur les alcools locaux. Il nous présente son bourbon favori. *90% proof*, si je me souviens bien. J'avais trop bu, et vu d'ici ce pourcentage semble des plus improbables. Ce lecteur d'Italiens et d'Irlandais se vante de l'exportation du bois des tonneaux américains vers l'Irlande et la France, où ils servent à la maturation des grands crus. Un nuage alcoolisé enveloppe notre conscience universalisée. Nous parviendrons au sommeil à travers une brume de bourbon. À Cleveland, à minuit, dans l'hiver précoce, on cherche la chaleur qu'on peut.

Il n'y aura rien à manger, ce soir, que des mets italo-américains. Dernier arrêt avant le sommeil : tranches de pizza à un dollar, sous les néons trop vifs. Peut-être cuites au nucléaire.

Les chaussettes de Cheshire

Avant de dormir, j'aime lire. Dans la chambre trop chère que nous devons partager, je m'installe à mon portable afin de vérifier les messages du monde extérieur. J'ai reçu une missive du passé. Une jeune fille perdue — dernier message, 21 juillet 2009 — dont l'hiver était la saison favorite, m'a réécrit.

> *Today I was the Cheshire cat who may or may not live in the land of lost socks. Which I must credit the thought as something from you. How are you? Are you there?*

Un professeur de philosophie (PHI 8071 — Théories de la connaissance), pour nous expliquer la nature d'un objet conceptuel, avait discouru sur la réalité relative, inconnaissable, d'un « point équidistant de toutes les chaussettes que vous avez perdues ».

Chère fille de Cheshire, *I am, of all places, in Cleveland.* Elle venait de New York et c'est elle qui m'avait dit, au temps des papillons : *There's nothing out there.* Pourtant, voilà où je suis. *Today, snow fell, and I went shopping for socks in Amish land.* J'espère que ça te fera sourire. Le temps prend de ces détours, pour nous ramener à nous-mêmes. Ce soir, je m'endormirais sans mes chaussettes, angoissé de ne jamais me retrouver.

6

EST-NORD-EST
CLEVELAND À LAKE PYMATUNING

NORD-NORD-EST
LAKE PYMATUNING À WARREN

COUPE-VENT

Trouver un point de lecture équidistant de nos projections mentales. Chaque journée commence avec cette idée en tête. Puis le désir d'un café satisfaisant. En ce matin froid, notre quête toujours renouvelée pour les vents et l'espresso d'Amérique nous mène vers les hauteurs de Cleveland, où s'étend son quartier italien.

La Blue Rider longe l'enceinte de pierre d'une nécropole étale, où nous croyons pouvoir trouver une zone dégagée, exposée au vent. Un chemin serpente entre les pierres tombales du cimetière boisé. Gothique américain : noms effacés et crânes ailés, pierres rongées et tales de mousse. Nous ne trouvons pas grand-chose à nous dire, avant le café. Il nous faudra bientôt conclure que le muret qui sépare la cité des morts de la ville des vivants la préserve parfaitement des vents du monde. Un homme en coupe-vent, un sac de plastique en main, semble chercher sa morte. Le manteau ne se gonfle pas. Le sac balance sans un pli. L'homme ne nous regarde même pas passer. Sa morte dort sous l'herbe, dans la terre froide, sans plus rêver à rien. Lui ne remarque rien de nous ou du monde.

Le chemin du cimetière décrit une longue boucle qui nous ramène éventuellement à la ville vivante, de l'autre côté du mur. Nous garons la Blue Rider le long d'une étroite avenue ascendante, bordée de petites boutiques. Le café le plus populaire de la Petite Italie présente une vaste devanture de verre, qui expose l'activité des clients au-dehors. Les hommes et les femmes d'affaires du quartier font la queue pour carburer à la caféine. *Punch in, drink up, punch out.* Les retraités, les étudiants et les oisifs, postés à leurs portables, consument le temps à la vitesse de l'espresso. Nous aussi avons des devoirs et nos pense-bêtes.

Nous passons de l'autre côté de la paroi transparente, rejoindre le spectacle quotidien. *Americano* pour allongé. *Cafe latte* pour café au lait. Patrick et moi, chacun à sa table, chacun à son portable, encore sans parler, à répondre aux absents en absorbant de la caféine, l'élan du jour. Un écrivain tape plus vite qu'un artiste actuel. Je peux me mettre à lire le guide touristique, en prévision d'on ne sait où.

Patrick achève ses communications. Nous voilà réénergisés.

Brève conversation, accord atteint. Rejoindre le vent.

De retour au camion, nous hissons la manche à air au milieu des autos des journaliers, déclarons notre indépendance du quotidien. Rien n'y fait. Le vent ne répond plus.

MOBILES

La science, même naïve, révèle d'étonnantes irrégularités. Par matins de grand vent, certains travailleurs du World Trade Centre, forcés de s'engager entre le défilé des deux tours, devaient s'agripper à des cordages de peur de s'envoler vers le ciel indifférent. Étaient-ils tentés, quelque matin morne, de se lester de leur porte-document, et d'entreprendre l'ascension ultime, nimbés par la paperasse virevoltante et pathétique de leurs quotidiens affairés? *The wind is a great equalizer.*

Nous nous rendons à la suite des caféinés du petit matin au lieu de leur labeur. Les tours du centre-ville de Cleveland, comme celles de n'importe quel centre-ville, entassent confusément les vents, accélérés par les corridors étroits des gratte-ciel. Entre les tours, tout va plus vite, tout bat plus fort. À la pause café, les hommes et les femmes d'affaires, qui passent la journée murés dans leurs cubicules, derrière les parois de verre impassibles, se rappelleront, cheveux au vent, mouchoirs perdus, sacs à lunch envolés, du pouvoir des éléments, contre lesquels les puissants de ce monde ont élevé des tours.

Toujours à la recherche d'un point de lecture pittoresque, nous garons la Blue Rider à un carrefour, où un mobile d'acier, panneaux de fer mouvants en équilibre sur un socle, dessine des patrons qui s'accordent aux courants aériens. L'art des autres n'est peut-être pas le meilleur décor pour notre projet au ras du vent. Chaque fois que nous installons la caméra dans l'angle mort d'une image espérée, l'inattendu se présente à nous. D'abord, un homme d'affaires en complet cravate qui s'arrête en marge du cadre pour nous demander des explications. Nous lui disons que nous cherchons le vent. Lui doit rentrer travailler. En souriant cette fois.

Pendant ce temps, un homme d'une cinquantaine d'années, qui pourrait être le frère du premier, s'est approché du camion, garé à l'arrière-plan. Il semble inspecter nos plaques d'immatriculation. Il porte un coupe-vent de nylon, un sac à dos aux épaules. Je me demande si l'homme de la nécropole est encore là-haut, figé dans les hauteurs herbeuses, à attendre un signal souterrain.

Le vent, comme n'importe quelle chose presque invisible, est encombré d'idées étonnantes. L'homme curieux n'est pas un espion, plutôt un ancien militaire en civil. Il a remarqué la plaque de l'Indiana à l'avant du véhicule, la plaque du Québec à l'arrière. Retraité du service, il est devenu entrepreneur. La preuve vivante qu'on peut venir de deux endroits à la fois en demeurant soi-même. Aujourd'hui, il n'a besoin que des journaux du jour et de son café du matin pour conclure ses affaires. *All he needs is the clothes on his back and a public telephone.* Il a investi la moitié d'une vie adulte dans la discipline militaire. Maintenant il est aussi libre de ses mouvements, en plein cœur du centre-ville, qu'un papier au vent. Les captifs des tours de bureaux peuvent bien le regarder de haut.

Pourquoi et comment vivre sa vie ? Notre interlocuteur libéré suggère, non sans une certaine autorité, que l'image du mobile est déjà trop chargée de sens. Elle nous a précédés ici. Merci Monsieur. Vous êtes perspicace. Au moment de visionner les images, nous en conclurons que la proposition est en effet trop lourde. Il vaut mieux continuer de s'inventer ses propres méthodes de rejoindre le vent. C'est l'enfance de l'art.

LA FIN DU MONDE AU BOUT DU QUAI

Nous avons enfin élu d'effectuer notre lecture du vent au pied du Rock 'n' Roll Hall of Fame. Nous ne savons pas qu'il s'élève à un pas d'une scène d'un film de Jim Jarmusch, ce grand amateur de rock. J'ai vu et revu, dès l'adolescence, les premiers films de Jarmusch, en y cherchant l'explication de ma propre vie, de ses temps morts, de ses attentes déçues. En s'éloignant du centre des villes à la recherche de l'image espérée du monde, on peut retrouver l'origine des vents, le vide qui leur donne lieu. Ces vents qui filent entre les tours de verre s'enfoncent vers un endroit qui est peut-être, enfin, nulle part.

Nous traçons depuis Chicago le long d'un corridor froid, entre les Grands Lacs, où les climats s'affrontent. Le fond de l'air est frais, l'hiver aussi humide que ceux d'Europe. Se perdre dans le noir, c'est s'égarer au cœur du froid. Lorsque nous parvenons d'abord au rivage, la Blue Rider se retrouve en plein travelling côtier, dans un film rempli d'absence. Même aussi loin de la lumière résiduelle des villes, les étoiles s'éclipsent. Je déclare à Patrick en riant : « On dirait que c'est de plus en plus rare, les étoiles, sur cette terre. » Mais je m'inquiète.

Daniel, le vide n'a pas lieu, car malgré tout, et comme toute chose ici-bas, *il fait image.* Hier soir, l'opacité du lac à notre gauche me rappelle cette image de trois urbains postés à l'extrémité du quai, dans le vent d'Érié. Dans *Stranger than Paradise* (1984) de Jim Jarmusch, le ténébreux Willie (John Lurie) et son ami au bon cœur Eddie (Richard Edson), un couple de *card sharks* en cavale, après un *coup d'argent*, prennent des vacances pour visiter la laconique cousine Eva (Eszter Balint), récemment immigrée d'Hongrie [22]. Elle a déniché un emploi dans un diner de Cleveland. Loin de Budapest ou Brooklyn, elle chambre chez tante Lotte,

22 Pour assembler son trio du bout du monde, Jarmusch avait recruté
ses acteurs dans le panthéon alternatif du rock. Lurie était le
frontman des Lounge Lizards, Edson le batteur de Sonic Youth, et
Balint une actrice de théâtre et chanteuse originaire de Budapest,
qui avait élu résidence la porte à côté du Chelsea Hotel à la fin des
années 1970.

dans une maison en préfini. Le film est tourné en noir
et blanc, par la grâce de Ṭom Dicillo. Les trois jeunes
gens, dans leurs manteaux monochromes, se tiennent
debout, ensemble, dans l'hiver d'Ohio, au bout du
quai, face à la vacuité venteuse du lac Érié, comme à
l'extrémité de l'univers. Grand vide noir et blanc, balayé
par un vent invisible, palpable. Le moment passe. Ils se
détournent sans rien dire. La vie continue, du pareil au
même, malgré les images, leurs arrêts.

The end of the world is at the end of the pier. À l'horizon
du lac, Cleveland propose un accès direct à la fin du
monde. Nous nous rendons, ce matin, au seuil de cette
image, rejouer la scène de Jarmusch. Une heure au par-
comètre. La Blue Rider est garée à mi-pente, près de
la grille qui défend l'entrée d'une base militaire. La
digue qui s'avance vers le lac Érié serait l'endroit tout
désigné pour une parade. Patrick m'explique que les
marins lisent le vent du large en fixant leur regard sur
les remous de l'eau, les menus plis, les froissements
indiciels de son miroir.

Notre perspective est davantage métaphorique. Je m'installe derrière la caméra. À son tour de parader. Patrick se tient debout dans le vent d'est, manche à air en main, sur la rambarde bétonnée. Même si le gel, qui rend visible en volutes neigeuses le vent qui glisse sur le lac, ne nappe pas encore sa surface, nous nous gelons les mains. Il faut un peu de courage ordinaire pour bien vivre dans les images américaines. Nous nous éloignerons d'ici dans le vent d'est, vers quelles autres images ? De retour dans la Blue Rider, j'ajuste ma fréquence à celle de Neil Young. *Hey Hey My My Rock 'n' Roll can Never Die*. Hors cadre, le lac Érié s'éclipse sous le vent, *and the Rock 'n' roll hall of fame fades away to white*.

Couteau de garçon

Alors que la Blue Rider reprend le chemin des lacs, je renoue avec le fil disjoint de mes pensées. Avant de se présenter aux douaniers, les agents transfrontières ne doivent pas oublier de ranger leurs armes, même si elles ne servent qu'à couper des pommes et du fromage. Patrick, aventurier de l'art, ne voyage nulle part sans son laguiole, acquis lors d'une traversée à pied des Alpes. Son modèle est équipé d'un crève-panse, au cas où un accident nous forcerait à *hotwirer* la Blue Rider, ou, si nous nous égarons dans le conte postnucléaire dont le souvenir hante ces terres, forcés de devenir derviches ou bergers. Patrick le porte dans une gaine de cuir glissée à sa ceinture. Indiana Jones, qui traînait son fouet dans la poche arrière de ses *khaki pants*, aurait approuvé. Avant que je ne parte à la chasse aux papillons monarques en la compagnie de Patrick, la fille de Cheshire m'avait dit, avec ce souci vernaculaire et féroce qui la caractérisait : *He's an outdoors kind of guy. Listen to him*[23]!

[23] *C'est un homme d'extérieur. Écoute-le!*

N'exagérons rien. Si l'archéologie fictive est un sport violent, l'art actuel confine aux travaux domestiques. Le couteau de Patrick lui rappelle sa vocation d'atelier. S'il travaille à une sculpture, il passe une partie de ses journées à magasiner les matériaux et l'outillage dans les grandes surfaces du Haut-Canada, celles-là mêmes qu'arpentent les nouveaux propriétaires, soucieux d'assurer leur confort domestique, et de protéger le bien-être de leurs familles. Selon Patrick, l'avantage stratégique des magasins Home Depot réside dans sa politique de crédit : l'expérimentateur aguerri sait qu'il peut retourner sans pénalité ses achats, s'il consent à payer en plastique, contribuant ainsi au flot latent du capitalisme, bien sûr aussi aux études secrètes des marqueteurs et des créanciers, fiers de leurs rôles secrets, de leurs présences spectrales dans l'économie du doute.

Pour bien vivre en société, il s'agit de prendre la place qui nous revient dans la base de données. Celui qui veut franchir sans souci le comptoir-caisse ou la frontière doit apprendre à mentir sur ses intentions véritables. *Je vais visiter des amis. Je pars courir les routes, c'est à la mode. J'aime les Reds de Cincinnati – il paraît que c'est la cité des vents.* N'en dites pas plus. Faites comme si de rien n'était. Indy range son fouet dans ses bagages ; Patrick, son couteau.

Quant à moi, je me soucie de transporter des stylos à l'encre sèche. Mon modèle préféré — Pilot Fineliner micro, trois dollars vingt-cinq à l'unité, quinze pour cent de rabais à la douzaine — tend à éclater dans l'habitacle des avions. S'il se met à fuir, j'étends l'encre entre mes notes, en des blobs abstraits, qui me rappellent les dangers de l'informe, tapis dans les bennes à déchet, derrière les maisons d'Amérique, l'efflorescence noire du vide, au fin fond de la nuit, ces fleurs de rien que sont les trous noirs, où le temps et la lumière, toutes les images, sont destinés à s'enfourner. Le vent de nulle part souffle du fond des choses. Nous n'y pouvons rien. Pour sauver l'avenir, les héros doivent savoir se concentrer sur les périls immédiats. D'abord redouter l'arrière-pensée des autorités fédérales et de leurs supercomputateurs d'élite. Atterrir aux États-Unis les mains propres, coupable d'un tout petit mensonge. Ne le dites à personne. Surtout, ne notez rien.

Domestic affairs are after us. La réalité domestique nous rattrape à tous les coups. Nous avons faim. Passe-moi ton laguiole que je te coupe un bout de pain, une pointe de fromage amish.

STATION CANNEBERGE

Magasiner. Conduire. Manger. Nous nous sommes arrêtés à Andover, à Cranberry Station, un humble *diner* aux nappes carreautées. *Turkey and cranberry please. As American as apple pie.* Collectionner les signes du vent. Hisser une manche à air au bord du vide, ou de ce qui lui ressemble. Regarder, fascinés, trois jeunes gens en paletots, dans l'hiver d'Ohio, la lumière noire et blanche, s'occuper à ne rien faire au bord du lac Érié, au milieu de l'hiver, au pied de l'univers, dans le vent lointain. *Small talk or the meaning of life.* S'étonner. Le sandwich est très bon.

Nous ne parlons guère. Mes pensées suivent le rythme de ma mastication. À un moment du parcours, Patrick s'est exclamé : « Daniel ! Nous pensons que nous ne faisons rien. Mais en fait, nous ne faisons que penser que nous ne faisons rien ». Il existe un point à distance égale de tout ce que nous croyons avoir perdu. C'est là que les choses apparaissent enfin sous leur jour véritable. Une tache aveugle où se précise la vue d'ensemble de l'univers. Un point qui n'est localisable sur aucune carte. Nœud primal d'où les vents tiennent leurs origines. Nous continuons de le chercher, parce qu'il vaut mieux y croire.

— Je peux goûter un peu de ton sandwich ?

L'induction fragile

La science, même naïve, s'échafaude sur des régularités observables. L'induction est un art fragile. Il est indiqué, au cœur d'une journée particulièrement venteuse, en l'absence de drapeaux déployés au bord des routes, d'arbres inclinés, de ramures frémissantes, de nuages véloces ou de tout autre signe sans équivoque, de s'assurer que l'on file toujours dans la bonne direction. Sur la carte et dans les faits, le lac Pymatuning approche.

Déduction : il s'agit en fait d'un réservoir artificiel. L'arc de béton d'un barrage surplombe le plan d'eau en contrebas. Tonnerre et bruine des turbines. Nous savons ce que nous avons à faire. Patrick se saisit de la manche à air. Je m'installe à la caméra. Action.

Une captation aussi simple est le moment tout désigné pour dériver en pensée. Les hommes d'industrie le savent : il faut parfois s'appliquer à détourner le cours des choses. C'est justement à cela que la fiction s'applique. Semelles de vent, nous avançons, têtes en l'air, ignorant l'ancien ordre du monde à nos pieds, sans rien savoir des histoires qui nous ont précédés ici.

Quelque part sous le miroir indifférent des eaux se trouve le site d'un ancien village indien. Sous l'eau, les perdants des westerns ont au moins l'occasion de redevenir qui ils étaient : des gens qui souhaitaient simplement demeurer chez eux. Il y a des choses qu'on apprend toujours trop tard, comme respirer sous l'eau.

Love Junk (Fragments d'un discours amoureux)

En entrant chez les antiquaires, nous cherchons par souci de professionnalisme deux choses : les *aéropostales*, cartes postales dont les images archivent les apparences du vent, et les ouvrages de la *bibliothèque du vent*, volumes usagés, à l'intrigue météorologique, atterris là par hasard, comme nous.

Nous nous aventurons souvent dans ces commerces à l'heure où nous sentons la nécessité d'une pause. Nous garons la voiture sur le square, arpentons les quatre angles du patron quadrangulaire, inspectons les vitrines à la recherche des lettres arquées du mot ANTIQUES sur une vitrine jonchée de brocante.

La plupart des antiquaires américains ne s'encombrent pas d'un autre nom. Cette fois, nous découvrons la boutique de curiosités sur une rue perpendiculaire à la place principale. Une façade de brique élevée, qui a jadis pu abriter le siège social d'un assureur, l'atelier d'artisans en bois d'œuvre, ou pourquoi pas une brasserie. Nous n'en savons rien. Le passé, de toute façon, est en désordre.

Le propriétaire, un costaud en chemise à carreaux rouges et noirs, coiffé d'une tuque de chasse orangée, penché au clavier d'un ordinateur derrière son comptoir-caisse, emmitouflé dans l'opacité de sa barbe et de ses bésicles, acquiesce à notre présence avec un hochement de tête minimal. Il a raison de se garder au chaud. Il fait froid dans les corridors du temps. La paroi qui sépare cet édifice du voisin a été abattue. Sa boutique d'antiquités en semble plus grande à l'intérieur qu'à l'extérieur, comme si elle avait reconquis le pâté de maisons entier.

Comme d'habitude, sa boutique contient de nombreuses reliques de nos enfances nord-américaines, mais aussi des souvenirs en tous genres des lieux les plus improbables, des bicyclettes sans enfant, des bibelots sans tante, des cendriers sur pied sans cigarettes ou fumeurs, des girouettes sans grange, des drapeaux en berne... Toutes choses perdues et retrouvées dans n'importe quel coin de l'Amérique et de ce temps. Je ne serai même pas étonné que s'y soient échouées quelques-unes de mes chaussettes égarées.

Nous ne parvenons pas à localiser, dans le fatras, l'inévitable boîte à chaussures remplie de cartes postales. Il faudra nous informer. Je me demande si le proprio, vu ses goûts vestimentaires, ne garde pas son fusil de chasse à ses pieds.

— *Where are you guys from? I can tell you're not from here.*

Nous venons du Canada et nous cherchons l'image du vent. Les apparences sont déroutantes — c'est un homme affable et curieux —, mais les habits ne trompent pas, ou si peu. Dans sa jeunesse, il s'est aventuré au nord, pour chasser et pêcher dans les forêts d'Ontario. *Beautiful land up there.* Il a une amie là-haut, qu'il n'a pas revue depuis. Il vit dans les bois proches, dans une petite maison qu'il partage avec sa femme. Un pavillon de chasse pour toutes les saisons.

Je savais bien qu'il maniait le fusil. Au retour de la guerre du Vietnam, encore ébranlé par le fracas des tirs, il offre ses services d'ouvrier jeune marié à l'usine automobile. En Amérique, il est si facile de se retrouver dans une chanson de Bruce Springsteen. On lui dit qu'on a peur de lui. Peur comme il nous faisait d'abord peur à voir. Parce que les vétérans du Vietnam — vous avez vu *The Deer Hunter* (1978) ? — sont tendus comme des *live wires*, prêts à détoner en tout temps. Les clichés ont la vie longue. Forcé d'assumer son rôle d'homme à la maison, il ramène au sous-sol, dans la cour, tout ce qui s'est retrouvé ici. Sa femme, qui a son bien-être à cœur, lui enjoint de faire de son amour une vocation.

— *I love my junk. And she knew it. So I brought my junk down to town.*

L'amour de l'entrepreneuriat contribue à la salvation des âmes américaines. Un fils suit dans les traces du père. *Love Junk & Son*. Ce nom vous irait bien, les gars. La boutique est le témoin d'un ordre vétuste. Nous sommes seuls ici depuis plus d'une demi-heure. Aujourd'hui, la véritable devanture de cette boutique se trouve derrière la vitre de l'écran d'ordinateur qui lance des reflets verdâtres dans les lentilles de ses lunettes. C'est sur eBay que son fils et lui se connectent avec la mémoire collective de notre époque pour faire tout leur argent. Et ce n'est que l'amour de sa *junk* qui le retient derrière le comptoir. Il a gagné sa guerre, regagné la vie tranquille, la vie rêvée, rejoindra ce soir encore sa femme, son pavillon au fond des bois, quelque part, ou à peu près, au présent. Ce sont ses affaires.

Soudure désastre

Père porte la moustache. Lui, c'est à peine s'il a un peu de duvet au-dessus de la lèvre supérieure. Ils se sont acheté le même modèle de coupe-vent de nylon. Mais son père est plus grand.

Pour un membre d'une génération additive, nourrie aux céréales renforcées à la pétrochimie, où les joueurs de basket de sept pieds et demi sont chose commune, il est un tant soit peu tragique de se retrouver, dans l'adolescence tardive, plus petit que son père. Mais le fils a de grandes idées, et une énergie magnifique. C'est lui qui opère les pompes, et qui pose les questions.

— *Why the weathervane?*

Il nous explique qu'il travaille pour son père, que la ressemblance ne va pas plus loin, qu'il déteste l'hiver qui nous talonne, et qu'il voudrait bien faire comme nous ou à peu près, partir d'ici, vers la vie qui attend.

Nous taisons nos sages conseils de voyageurs fatigués. *Jeune homme, nous nous abandonnons à des forces qui nous dépassent. On ne choisit ni sa moustache ni son destin. On n'a guère le choix d'obéir à sa nature.*

Au moment de passer à la caisse, il nous avertit, sous l'œil vigilant de son père, qui semble un homme attentionné et doux, de ce qui nous attend sur la route. Un garçon soudeur s'est installé sur le toit de l'ancienne fabrique de traîneaux. *The old sled factory.* Une étincelle a déclenché l'incendie, qui s'est vite propagé à une vingtaine de commerces. Le garçon, je crois, est sain et sauf. Il n'oubliera jamais son geste. La déflagration aura creusé un sillon indélébile dans sa mémoire, un chemin qui le ramènera infailliblement, les nuits d'éclair, au village qu'il aura cru bon quitter. Je prie pour que les incendiés aient investi dans des polices d'assurance, et que vingt rêves d'industrie, vingt *sweet shoppes* puissent se relever des ruines, pour réinventer ce village comme les autres.

Un peu plus loin, les pompiers et les policiers font leur travail. Un long ruban de trafic détoure le cordon de sécurité. Nous sommes assis dans nos voitures à regarder brûler une fabrique de chaises. Certains policiers sont aussi des pères, et les pères peuvent être furieux de la jeunesse volage. De celle qui veut apprendre son propre métier et faire voler les étincelles du désastre.

Qui peut être complètement certain de la bonne voie à suivre?

D'ailleurs, nous ne sommes pas convaincus de la direction à prendre pour sortir du village. Patrick demande à l'agent qui redirige le trafic si nous pouvons nous faufiler derrière lui, vers l'est approximatif. Je détecte une certaine hargne dans le mouvement de la main de l'officier. *Anger redirected.* Il nous conduit volontairement dans l'erreur. Nous le savons au moment de croiser, au bout d'une rue sans trafic, un camion de pompier, et d'enjamber les boyaux, pour rejoindre le tracé du détour. Désolé, jeunes hommes, il n'y a pas de moyen facile de sortir d'ici.

LUMINEUSES INDUSTRIES

Une petite fabrique de chaises est emportée dans un filet de fumée noire. Par ici, les choses ne seront plus ce qu'elles étaient. Partir d'un lieu n'est pas le seul chemin qui permet d'infléchir le cours des choses.

On a beau dire que les explications surnaturelles ne sont plus de notre temps, les traces du destin continuent obstinément de se déposer en nous. Depuis Cleveland, nous nous demandons ce qui peut bien mettre le feu aux rivières. Peut-être une flamme qui n'en serait pas une ? Un élément qui se mélangerait, s'additionnerait à la force du feu pour en décupler le pouvoir, créer une substance supérieure, capable d'embraser les airs et l'eau ? Notre science est si naïve.

La prospérité aussi est une substance complexe. Elle prend toutes sortes de formes, qui ne sont pas également bénéfiques. *For a while, heaven on earth can be a cloud of chemical smoke over a small town.* Aussi longtemps qu'on puisse conserver sa marge de profit, bien sûr.

Le nuage de fumée d'une immense raffinerie surplombe le prochain village. D'humbles maisons de planches, tout ce qu'il y a de plus pittoresque, s'agglomèrent autour. Le monde est un rêve dont le sens exact échappe aux vivants. Des dinosaures grands comme des tours se sont liquéfiés dans l'humus pour permettre aux voitures futures d'avancer. Dans nos cerveaux fossiles, nous conservons la mémoire d'ordres anciens, sommeillants, sombrés au fin fond de notre conscience. Un météore a mis fin au monde qui a précédé l'humanité, a embrasé le jour comme une déflagration nucléaire. Un hiver de malheur a obscurci le soleil. Sous le ciel inhospitalier, étouffé par les cendres, le monde a pris fin, pour recommencer au volant d'une voiture, des millions d'années plus tard, à l'heure du cinq à sept.

Time for a drink. Le bar local sert la bière dans des verres de plastique. Le barman explique la tolérance des citoyens pour l'usine et ses fumées. En fait, il ne s'agit pas d'une raffinerie. Nous autres agents transfrontières souffrons d'une déformation professionnelle : on fabrique autre chose que du mouvement automobile en y mélangeant du pétrole.

— *When I first got here from Brooklyn, I thought this was the city's skyline.*

Nous ne sommes pas seuls à nous laisser leurrer par l'élan de la métaphore. On porte en soi la trace indélébile, et trompeuse, du lieu où on a vécu. Chaque chose à sa place. Chaque chose en son temps. Le pétrole est issu de la mort des dinosaures. Les verres de plastique qui contiennent notre bière viennent d'ici.

— *If you drink a Pepsi Cola, there's a big chance the cup's made here.*

Les barmans, sous ces latitudes, savent vanter les produits locaux. Il n'en revient pas à eux de questionner l'intelligence des gagnants. De toute façon, on s'habitue à tout, et qui sommes-nous pour mettre en doute les assises de la prospérité ?

Nous quittons la ville au crépuscule. J'ai beau savoir ce que je sais, dans la nuit qui avance, l'usine enguirlandée de lumière continue de ressembler à une rampe de lancement. J'abandonne au ciel les météores incompréhensibles, chutés d'un passé insondable, annonçant, d'un geste de feu, la venue d'un ordre nouveau.

GARAGE URGENCE

Il fait nuit. Il fait froid. Et nous ne savons pas vraiment où nous allons. Dans une telle situation, s'arrêter est un besoin naturel. Un auvent lumineux apparaît dans la nuit continue. Nous y apprenons, en grandes lettres de néon, la vocation particulière de la première station d'essence que nous croisons.

LIQUOR STORE
DRIVE-IN

Il paraît que la conduite automobile et l'alcoolisme sont des passions exclusives, mais les traditions, dans ce coin de pays, sont tenaces. Nous sommes civilisés, le cinq à sept est passé, et nous n'avons plus soif.

Nous nous garons à l'angle de l'auvent, pour éviter de bloquer le trafic des buveurs. L'intérieur de la station, recouvert de bouteilles de puissants alcools, semble entièrement fabriqué de verre et de lumière froide. La jeune préposée rondelette et blonde, perçages au visage, se détourne de sa guérite pour nous annon-

cer l'impossibilité de soulager nos envies immédiates
— si ce n'est celle de boire, bien sûr. Je me demande si,
quand vient son tour, elle doit s'accroupir derrière la
station. Un endroit excellent où inviter ses amis trop
jeunes à boire illégalement dans des sacs de papier
brun. Pardonnez aux hommes privés de leurs besoins
primaires leur agressivité latente. *Take it outside, boys.*
Il paraît qu'à dix minutes d'ici, nous pourrons régler
nos problèmes.

Heureusement, l'envie de Patrick est synchrone.
Nous filons à toute vitesse à travers la nuit pendant
les dix minutes annoncées, et dix minutes encore,
jusqu'à une autre station spécialisée. On y pèse les
gros camions, histoire de ne pas cicatriser les routes
avec des charges trop lourdes. Nos vessies sont sur le
point d'exploser. La commis — une jeune femme dans
la vingtaine — cultive ce même air de méfiance lasse
et éthylique qui semble de mise dans l'industrie des
services locale.

À mon retour des cabinets, je devine la dernière
réplique de la conversation de la jeune femme avec
Patrick.

— *Honey, it's cold outside. You have to keep warm.*

J'en suis à me dire qu'on ne peut pas plus empê-
cher ses employés de penser à la vraie vie qu'on peut
empêcher un cœur d'aimer quand une quarantenaire,

dont l'apparence alcoolisée s'inscrit dans la suite logique des événements, entre en trombe dans la station. Nous assistons au début d'un microdrame, dont nous ne saisissons que les dernières répliques :

— *Do you know where your son is?*

— *He's in the hospital. He just had a seizure.*

C'est le début d'un long débat. Il est grand temps pour nous de partir. J'espère que les ambulanciers ne se sont pas arrêtés au Drive-In en chemin vers l'hôpital. Soignez vos blessures, mesdames. Et si vous restez, bien malgré vous, surtout n'oubliez pas qui vous êtes. Que la douleur de l'amour filial vous permette d'entretenir vos fortunes. Pour notre part, nous sommes soulagés : nous savons que nos vraies vies sont ailleurs.

Monnaie de bois

La Pennsylvanie surprend par son étendue. Sylvanie : terre de forêts. Dans ces parages, d'anciens Américains ont fait fortune dans l'industrie du bois.

À droite de la route 62, qui serpente jusqu'au cœur de Warren, ville d'une certaine taille, dans un état d'une certaine taille, une manse victorienne, blanche et ample, annonce sa vocation contemporaine de *bed & breakfast*.

La famille d'Isaac Horton a acquis une fortune dans l'industrie du bois et a construit cette maison complètement faite de bois (7500 pieds carrés) à la fin des années 1800. Au cours des années 1970, alors qu'il se retire de la Blair Corporation, N. Anthony (Tony) Scalise a acheté la maison comme un projet pour ses vieux jours. Sa mauvaise santé l'a empêché de compléter ce projet. Anthony est décédé en 1995. Sa femme, Silvia, et ses fils (Antonio et Craig), voulaient partager cette maison magnifique, et ont décidé d'ouvrir le Horton House Bed & Breakfast Inn. Aujourd'hui, la famille Scalise continue de résider dans la maison Horton, et d'opérer la perle des établissements de nuitée et de petit déjeuner. [24]

[24]   *The Isaac Horton family amassed a fortune in lumber and built this completely wooden (7,500 square feet) home in the late 1800's. During the 1970's upon retiring from Blair Corporation, N. Anthony (Tony) Scalise purchased the home as a retirement project. Due to ill health, the project was not completed. Anthony passed away in 1995. His wife, Silvia and their sons (Antonio & Craig), wanting to share this magnificent home, decided to open the Horton House Bed & Breakfast Inn. Today, the Scalise Family continue to reside in and operate the Horton House as the finest in overnight accommodations and breakfast.*

Horton House interrompt l'habituel défilé des écoles, banques, commerces, la ligne ordinaire des petites villes. Grand-père Hemingway aurait approuvé.

C'est Craig qui nous accueille dans son héritage familial. Ce soir, la maison est presque vide. Il nous explique qu'aujourd'hui, maman est morte, et que son frère, depuis son accident de voiture, souffre de séquelles semblables à celle d'un arrêt cardiaque. *As if the effects of a stroke...* Il préfère vivre à l'écart, dans l'ancienne *guest house*, comme un invité dans sa propre famille. *Park out back and I'll show you the house.* Patrick, qui a longtemps vécu avec une Palma, croit déceler quelque chose d'italien dans la manière de Craig, *mama's boy*, alors que je me demande si Tonio nous guette par les fenêtres de la maison cochère, où ne brille ni ampoule ni chandelle. Les noms italiens se prêtent si bien aux romances gothiques.

Craig nous ouvre la porte de la cuisine, minuscule repli de la maison, où un escalier dérobé permettait la circulation discrète des domestiques. Son homme de main, un noir longiligne d'une cinquantaine d'années, portant la salopette et la casquette, vient de traîner un sapin prévisionnaire dans le salon. La Noël est à deux mois de là. Il n'y a personne ici, et il est évident que Craig cherche à s'occuper.

Il promet de nous faire un prix sur ses deux meilleures chambres. Mais avant d'y passer, il insiste pour nous mener au grenier, pour nous montrer la salle de jeux, où trône une immense table de billard. À côté, le coin à musique, une alcôve sous le pignon principal de la maison, où est accrochée, au milieu de mandolines, de guitares et de violons — *My brother used to play* —, la plus grande guitare de l'ouest.

Nous sommes, pourtant, à l'est. À chacun son histoire. La guitare de bronze qui a été coulée dans une base de béton au pied du Rock 'n' Roll Hall of Fame n'est qu'une sculpture. Si une main géante, rescapée des contes obscurs des bois, venait à s'en saisir, *the largest playable guitar in the west* serait encore capable de musique, mais hélas, les contes sont des contes, et les forêts de l'état, à force de coupes, ont épuisé leurs mystères ancestraux. Quant aux violons, ils appartenaient à sa mère. Craig hésite à s'en défaire, bien qu'ils soient tout à fait silencieux depuis l'accident de Tonio, le Paganini de la famille. *It's still her house. We're still her sons.* Violons décédés de la mère. Musique invalide du frère. Dans un conte que personne ne raconte, petit frère redevient lui-même, remonte vers Cleveland par les forêts sylvaines, et met à bas les prétentions de la guitare sculptée qui accueille les visiteurs devant le Rock 'n' Roll Hall of Fame. Dans le cimetière au pied du quartier italien, les morts quittent leur repos, retournent aux cafés du matin, comme si de rien n'était. Il suffit d'y penser.

Certains fantômes sont publics. Les maisons et les chambres victoriennes, si leur mobilier a beaucoup changé, abritent le spectre de noms glorieux, en l'honneur des familles qui ont construit ce pays. Patrick dormira dans la Crary, qui a hérité son nom de Jerry, partenaire d'affaires d'Isaac, qui s'était fait construire une propriété juste en face de celle de son meilleur ami. *Boys will be boys.* Aujourd'hui, il n'en reste que la maison cochère, cachée derrière la galerie d'art, un endroit parfait pour garer une carriole amish.

Je dormirai pour ma part dans la Wilder, second capitaine d'industrie à avoir occupé la maison. Il est le fondateur de la National Forge Company, devenue Elwood National Forge, et l'inventeur d'un système de chauffage à la vapeur précurseur, intégré à la charpente de la maison dès le début du dernier siècle. Aujourd'hui, c'est l'industrie des loisirs, et peut-être aussi la police d'assurance d'Antonio, qui protège la fortune de la famille. Une fortune faite de bois, puis de pétrole, puis d'héritages. Des fortunes faites sur le dos d'une rivière. Sur les pieds, les flancs, la bouche des invalides. Des familles captives de ces fortunes. Des vies qui continuent à s'imiter. Qui en valent bien d'autres.

Il ne faut pas s'apitoyer sur son sort. Continuer à vivre la meilleure vie possible. Il est temps de quitter la salle de jeux. *There's a fun pub in town.* Craig nous explique où avoir du plaisir en ville. Lui ne sortira pas d'ici. La plupart des soirs, il préfère ses vieux films adorés, et le Discovery Channel, au monde extérieur. Je me demande s'il s'attend à recroiser nos images fantômes, un jour, sur une lointaine chaîne câblée, où le film de nos vies passera en reprise.

ALOYSIUS SNUFFLEUPAGUS, ESQ.

Nous traversons le pont de béton armé qui enjambe la rivière Allegheny pour rejoindre le cœur ancien de la ville, où le plan quadrangulaire se resserre autour de bâtiments de brique rouge, anciennes fabriques et entrepôts qui abritent aujourd'hui tous les établissements de loisirs de la ville. La route 6 y rejoint la piste du cheeseburger. Snuffy's, petit pub d'allure anglaise, de boiseries sombres et de bière bonne, est bondé en ce jeudi. On y sert des ales d'Amérique et des versions deluxe du *fast food* américain. Craig et son frère invisible sont de bon conseil. Le pub a été baptisé en l'honneur d'un autre invisible victorianisant, Aloysius Snuffleupagus, aka Snuffy, sorte de mammouth velu et mauve, ami imaginaire du Big Bird de Sesame Street, Brooklyn, que lui seul et nous autres enfants égarés en lisière du monde télévisuel pouvaient voir.

Ce soir, notre (relative) jeunesse étrangère nous rend particulièrement visibles, ce qui n'empêche pas les erreurs d'interprétation. La waitress du *fun pub* revient avec nos commandes. *Two cheeseburgers, two beers.* Servies dans des grands verres de plastique rouge, griffés. *Snuffy's Café and Lounge, Warren, PA.*

— *You're not from here. Are you German?*

Dankeschen, fraülein, mais nein. La question est posée sur fond de rock classique. Elle est accoutrée à la mode rock'n'roll, chandail sans manches et jeans noirs, bottillons à chaînette, *the curves and curls to go with it.* Ses amies du bar, d'ailleurs, pourraient très bien former *a mean girl band.*

Craig, Tonio, maman est morte, mais de Warren votre *home* nous rapporterons le souvenir de la générosité des femmes.

Autour, tout va vite. Tout de même nous lui racontons d'où nous venons, et où nous dormirons. *You should see the town on Dickens Day.* Bien que l'esprit londonien de Charles se mêle à celui de toutes les consciences et crises ouvrières, je me demande ce qu'il a à voir avec Warren[25].

---

[25]   Des recherches sommaires indiquent que Dickens a affiné ses penchants prolétaires en travaillant comme cireur de chaussures à la Warren's Blacking Warehouse. Warren's. Warren. Les mots sont porteurs de coïncidences fertiles.

L'Amérique est vraiment une terre d'opportunités. Demain il y aura une parade de Noël. La waitress nous invite à l'y retrouver. *It will be fun.* Elle tient à nous donner, avant de partir, les verres où nous avons bu. Nous nous reverrons peut-être avant de reprendre la route. *Bien à toi, Snuffleupagus, bel invisible.*

LE SOMMEIL DES SIÈCLES

Nulle lumière ne brille aux fenêtres de la maison cochère. Nous entrons du bout des pieds par la porte des domestiques. Craig est encore éveillé, au salon, dans la lueur d'un film ancien. Une histoire d'amour sans issue, peut-être, à revoir en rêve. Quelque drame qui aurait pu se passer dans cette maison, dans un autre temps. J'aime aussi les vieux films, leur façon de nous raconter notre absence. Nous échangeons quelques mots en noir et blanc, avant de nous dire bonsoir.

Je ne me souviens plus du film, ou si je l'avais déjà vu. *CRARY and WILDER tiptoe up the stairs.* Horton House est assez vaste que nous ne savons pas tout à fait où dort Craig, ou quiconque. Sans doute inspiré par le *girl band* du Snuffy's, Patrick choisit d'appeler sa fiancée à cette heure tardive. Je lui dis bonjour et je les laisse s'aimer.

Quant à moi, je m'installe à mon bureau de ce jour avec ma mélancolie, pour écrire une autre lettre. Si la salle de jeux ne m'intéresse qu'en pensée, je compte profiter des douceurs du séjour. Dans le clair-obscur de la chambre, une coccinelle avance sur le papier à en-tête de la maison. J'entrouvre la fenêtre pour la rendre au monde extérieur, frissonnant dans le courant d'air frais, comme au début d'une histoire de fantômes victorienne. L'écriture élargit notre fréquence temporelle, et amplifie la portée de nos sens.

Je continue à écrire et j'entends comme un rongeur, un grignotement de petit mammifère dans les murs, qui répond à la rumeur presque inaudible de mon stylo sur la page. Les maisons victoriennes, avec leurs portes dérobées, leurs alcôves et soupentes, sont trouées de passages secrets. Des trains miniatures, d'un monde possible, circulaient à l'abri du vent, sous mon lit d'Indianapolis. Craig et Tonio dorment en secret, chacun pour soi. Où sont passées les filles, à la fin de leur *shift?* La bonté de nos mères, comment l'oublier, tant il faudrait. N'oublie pas de te brosser les dents avant de te coucher.

La nuit de novembre se comprime autour de Horton House. J'ai la tête pesante. Je commence à dodeliner. À ne plus me rappeler exactement où je suis. Ces portes dérobées, voilà d'où viennent nos serviettes. Les robinets de la baignoire — deux pour la douche, deux pour le bain — me ramènent à ce moment où Philip K. Dick, écrivain pour garçons, a glissé en Parallélie, *on his way to Albemuth escape velocity.* Il cherche, dans sa salle de bain d'auteur, un interrupteur suspendu à un fil, qui n'existe pas vraiment. Une part de lui sait que l'interrupteur est ordinaire, une plaque vissée au mur, *on, off,* comme hier et d'habitude, l'autre est convaincue qu'il tient à un fil, qu'il a tiré sur ledit fil, et que l'obscurité s'est faite, avant que l'univers second ne se replie dans celui-ci, invisible.

Bonne nuit Philip K., Snuffy, Craig et Tonio. Bonne nuit les filles. Il faut que je me rappelle où je suis. Jusqu'à l'aube, les maisons victoriennes tiennent à leurs bruits. Des siècles nous ont précédés ici. Des mondes attendent, à l'intérieur du monde. *What were you thinking of, back then and there?* Je songe à qui je suis, et ce que je ne sais pas de moi-même, à ce qui en restera sur papier. Toute la nuit, dans les murs, le rongeur continue à m'écrire.

7

EST

Warren à Williamsport

Passages dérobés

En attendant Noël, le sapin sommeille dans le salon, couché à un pas de la grande table des familles. Craig, Tonio, maman, le père d'industrie y dînaient ensemble, dans ce temps *réduit*, inaccessible sauf en mémoire, ou en espoir, que nous nommons passé. Temps trop petit maintenant pour que nous nous y glissions, retrouver ces corps qui étaient les nôtres, réduits à la taille de jouets, d'offrandes sous le sapin.

Craig doit prendre son petit déjeuner à la cuisine, bien avant ses chambreurs. Une employée, bien sûr latina, apparaît soudainement, pour nous rappeler l'existence des passages dérobés, où circulaient les domestiques, assurant la magie des maisons. Elle nous sert une copieuse omelette dans la faïence de famille. Il y a un siècle que ces assiettes se répètent. Dans un instant, nous quitterons Horton House, sans avoir vu Antonio dans son cachot, ou joué de la plus grande guitare du monde, accompagnés par le fantôme d'une mère violoniste.

Objects in the past are closer than they appear. Il est temps de rejoindre les routes. Le passé est un point qui diminue dans la distance. Il n'y a pas à s'inquiéter. Les rongeurs continueront d'écrire entre les murs.

Fantômes d'industrie

L'hiver descend, décompte ses flocons, sur le boulevard de banlieue. Sur le trottoir, un adolescent qui n'a peut-être pas dormi a remonté le capuchon de son coton ouaté, pour se protéger des éléments. Il a des allures de fantôme contemporain. *Peace and equality, Ghost Dog* (Jim Jarmusch, 1999). Un *hoodie* n'est pas un manteau d'hiver. Si j'avais grandi par ici, à son âge, j'aurais écouté, Walkman aux oreilles, *More Songs About Buildings and Food* (Talking Heads, 1978). Le refrain de la dernière chanson de l'album me tourne en tête depuis l'adolescence : *I wouldn't live here if you paid me to, no siree.*

Ici aussi, les fumées d'industrie flottent au-dessus de la ville. Neige ou fumée, le *hoodie* est une protection insuffisante contre les éléments. Il est très tôt, et nous garons la Blue Rider sur le tarmac craquelé de l'immense stationnement du *strip mall* local. Plus tard, il sera plein des voitures des Warrenais qui auront oublié d'acheter quelque chose. Bonne excuse pour quitter la maison, ou le travail.

Au bout de la rue, derrière une rangée de petites maisons de bois parfaitement américaines, profondément pittoresques, un fantôme d'industrie gronde silencieusement. Un immense nuage, gonflé comme un poumon qui s'apprêterait à crier de toutes ses alvéoles, bouillonne dans le ciel. Une machine à fumée pour un film de série B.

Pas de fumée sans feu. Pas d'industrie sans fantômes. Je me poste au bout des rues perpendiculaires à l'usine pour photographier le mur de brume. Je perds Patrick, caméra vidéo en main, au bout d'une des rues. Il a sans doute été aspiré par l'image. Derrière le rideau opaque, un monde s'efface. Remonte ton capuchon, couvre-toi bien les oreilles, fais semblant que tu n'es plus là. *No siree, I wouldn't live here if you paid me to.*

THE WELCOME HUNTERS

Nous effectuons notre lecture de la matinée sur le pont qui sépare la ville d'industrie du quartier des loisirs.

Les Américains fondent leur vie, et leur commerce, sur de grandes idées : l'argent, dieu, la famille, l'hospitalité, le bien-être, le plaisir (*fun!*), pourquoi pas la *junk*. Le long de la route du vent, tant d'entre eux poursuivent d'improbables entreprises. Ils nous ont démontré, encore et encore, qu'ils travaillent dans l'espoir de réenchanter le monde qui leur est cher, de redonner vie à leurs anciennes demeures, et d'honorer ceux qui ont donné naissance à leurs espoirs. Les entrepreneurs, après de longues absences, reviennent chez eux grandis par leur errance, animés par le désir de redonner le monde à leurs proches.

On peut lire, ce matin, sur un petit carton suspendu à un fil dans la porte vitrée du Café Wellness :

WELCOME

HUNTERS

Nous nous installons dans des fauteuils capitonnés, autour d'une table basse, qui n'aurait pas dépareillé le décor de la maison Horton. L'apparition d'une grande blonde américaine, qui s'avance résolument vers moi pour me tendre la main, me fait songer à la disparition des jolies filles le long du parcours.

— *Hi, I'm Julie.*

Un nom qui me revient, celui d'une absente, que je ne reverrai peut-être pas, et qui me redonne une petite envie de tomber amoureux. Ce sont des choses qui arrivent.

— *I've never seen you here and I wanted to introduce myself.*

Le Café Wellness est bien nommé. J'ai l'impression immédiate d'une présence mesurée, enjouée, enracinée dans ses choix. Julie, ne le cachons pas, est la propriétaire du café. Elle tente d'aimer d'un amour égal toute sa clientèle : c'est la saison des chasseurs, chasseurs à barbes hirsutes et vestes à carreaux, chasseurs de vent. Julie est nutritionniste. Elle a vécu à San Diego, au Nicaragua et en Thaïlande. Je lui devine un mariage raté, avec un aventurier de fortune. Un de ces garçons qui ne savent pas ce qu'ils veulent être, sinon eux-mêmes, ailleurs. Ou peut-être un sportif au coupe-vent de nylon et aux espadrilles à coutures techniques, acéré comme une lame, davantage passionné de sport que de sa sportive. Mais je m'emporte. Nous confions à Julie combien nous avons été étonnés de croiser, en ces jours froids, deux joggeurs le long de l'autoroute. Elle a le bien-être de sa communauté à cœur, et elle organise un marathon annuel de mille femmes au bandeau rose. Entre-temps, bon an, mal an, il faut bien s'entraîner. Elle gère le Café du Bien avec l'aide d'une troupe de jeunes femmes à la mode alternative. Elles pourraient former un *girl band* rival de celui du Snuffy's. Son bras droit est une dame un peu plus âgée, qui pourrait être, mais n'est pas sa mère.

Julie offre une nourriture saine à ses clients, leur apprend à repenser à leurs corps. Elle sert à ses concitoyens la nourriture d'une idée. L'obésité de l'Amérique lui pèse. Merci Julie. Tu es gentille. Elle s'éloigne pour travailler.

Nous tombons immédiatement dans la mire d'un de nos homologues chasseurs. Il abandonne son infusion et le muffin sans gluten qu'il déguste du bout des doigts pour se tourner vers nous en souriant derrière sa barbe. Il souhaite partager avec nous un conte gothique des bois américains.

— *They shot a 871 pound bear. Normal bears weigh about 700 pounds. This guy gave him a name, like Boo-boo, and fed him donuts every night. Save my soul, Krispy Kreme. Got him with a bow and arrow. He didn't know.*

Cette nuit à la chaîne câblée, en reprise :

The Donut Monster of Northern Pennsylvania (6). Science-fiction. Dans les forêts de Pennsylvanie, un ours, engraissé à la garniture de beignes, atteint des proportions gargantuesques et terrorise la population obèse d'une petite ville bucolique, les rappelant douloureusement à la réalité de leurs corps. Le shérif local, entiché de son aliment préféré, s'oppose au mouvement de masse, en réclamant l'accès universel aux beignets.

Je ne suis pas certain que Craig va aimer ça. *Time to pack a lunch.* Deux sandwichs à l'humus pour emporter, salade d'accompagnement et amandes au miel, à partager en cas de rencontre avec un ours. Les portions, au Café Wellness, sont étonnamment petites, bien que les amandes collent à leur miel et que le tout soit apprêté dans un contenant de plastique.

Avant de partir, Julie nous révèle qu'elle déteste San Diego, où elle a longtemps vécu. Elle abhorre aussi Noël, dont elle apprête aujourd'hui — jour de parade, manne de biscuits pour tous — les décorations. Elle nous invite, comme les serveuses d'hier, à la soirée de liesse, mais nous partons, Julie, hélas nous partons. L'accueil à Warren est irréprochable. Nous avons l'impression qu'en un jour et une nuit, nous sommes déjà devenus des personnages des potins du coin. Au moment de passer le seuil du Café du Bien, je me retourne pour voir Julie s'asseoir avec un de ses clients chasseurs. Nous l'entendons expliquer : *These guys are doing an art project...*

Julie est revenue chez elle pour prendre soin de ses concitoyens et de sa famille, de la vie invisible des corps. Tonio, Snuffy, le monstre à beignets sont passés ici avant nous. *Goodbye, Julie,* beauté américaine. Prends bien soin d'eux, comme tu aurais pris soin de nous.

SUR LA ROUTE

Il y a une librairie, invisible la nuit, juste à côté du Café Wellness. Dans la plupart des villes du plan quadrangulaire, on ne trouve que des librairies d'occasion, comme si le livre n'était plus qu'une chose qu'on récupère, destinée à se confondre aux amas mémoriels de la *love junk*. Le libraire, comme ailleurs les antiquaires, arbore la barbe et l'accoutrement du chasseur. Il trône derrière une table minuscule, au milieu d'étroites bibliothèques de bois blanc. Patrick demande l'approbation du patron pour poser son portable près de la caisse.

De son propre aveu, Patrick ne lit pas beaucoup. Il cherche des métaphores du parcours : volumes pour compléter la bibliothèque aérienne ou cartes postales du vent. Quant à moi, je vérifie la présence des poètes le long de la Route des vents. Je trouve un livre déjà lu de Charles Simic. Salut Charles. Puis une version sur magnétocassette de *On the Road* de Jack Kerouac. La couverture de l'enregistrement reproduit, dans l'encadré vert des Penguin Modern Classics, la photo mythique de Jacques et de son mâle et misogyne consort Dean. Dégaine assurée, mains posées sur le ceinturon. Deux cowboys sans fusil. Le roman est lu par nul autre que David « Kung Fu » Carradine, vrai homme comme ces deux-là, rescapé de nos enfances cinégéniques — il sait après tout échapper à tous les dangers — pour nous rappeler qu'on peut encore se battre à mains nues et triompher. La Blue Rider est un véhicule de son époque, muni d'un lecteur à cassette, dont nous pourrons enfin faire bon usage.

Nous démarrons, virons à droite, le long de l'axe quadrangulaire, prêt à reprendre le pont vers le vaste monde et les chemins du vent, quand je demande à Patrick s'il n'a pas oublié son portable. Il est peut-être déjà en route vers l'antiquaire. Nous revenons assez vite sur nos pas pour nous garer à l'endroit exact que nous venons de quitter, et rattraper le patron, qui sortait prendre un café à côté. *Cher monsieur, comment vous vous débrouillez pour survivre, dans ce commerce ?* Vous comptez sur l'amour des livres, la loyauté des lecteurs ? Sur ceux qui de temps en temps font marche arrière, reviennent sur leurs pas à la recherche de ce qui reste ?

On the road. This Age of Junk. These acts of love. Bientôt, Warren diminuera dans le rétroviseur. Mais il y a tant d'espoir : la Route des vents, le chemin des antiquaires serpentent sans fin entre les stations de l'Âge de Junk.

LES DAMNÉS DE KINZUA

À cette heure, le pont qui lie la nouvelle ville à sa contrepartie ancienne est recouvert par les fumées d'industrie.

Nous voilà de retour à Horton House, de l'autre côté de la paroi brumeuse, pour récupérer nos bagages. Craig a déplié la carte des États-Unis sur la table familiale. Il nous indique les chefs-lieux des environs. Noms de villes, marques déposées, familles d'industrie. La ville des briquets Zippo, parfaits pour mettre le feu aux anciennes industries. Ici, M. Hershey avait sa *chocolate factory*. Là, la veuve Winchester dormait dans une nouvelle chambre chaque soir, pour échapper aux fantômes des morts exécutés par l'invention de son mari... À chacun sa fortune.

Nous tenons à poursuivre notre œuvre de science naïve. Craig nous suggère de nous détourner de la route 6 pour rejoindre Kinzua Dam, où nous pourrons sans aucun doute effectuer une lecture concluante. En chemin, si notre radio fonctionnait bien, nous pourrions peut-être syntoniser WGWE. Nous y tomberions sur la diffusion hebdomadaire de l'interprétation par Johnny Cash de la chanson du compositeur Peter La Farge, de la nation Sénéca, *As long as the grass shall grow* (1940). Un chant en souvenir des villages que le barrage et le temps ont engloutis.

Vous souvenez-vous de Peter La Farge ? Il pourrait s'appeler Pierre. Jacques Kérouac est né de parents canadiens-français, a grandi dans une ville d'industrie du nord-est américain. Quand il y est revenu de New

York avec un roman d'un millier de pages, *The Town and the City*, ses amis ont rebaptisé Memory Babe ce beau garçon qui se souvenait de tout.

Les amoureux de cinéma savent que les meilleurs films dépendent des seconds rôles. Les États-Unis d'Amérique sont un pays de bons deuxièmes. Johnny Cash et Peter La Farge. Jack et Jacques. Au moment de la construction du barrage, un ouragan baptisé Agnes a rempli d'un coup le Réservoir, jusqu'à sa limite de charge, comme un signe de Dieu ou du Diable. Comment les Sénécas déplacés, dans leur village de remplacement, leurs emplois de seconde zone, ont-ils interprété ce tour du destin ? *Un grand vent s'est levé, que nous avons nommé destin.* Ces clichés ne sont pas les leurs.

Aujourd'hui, la ligne de flottaison est très basse. La muraille du barrage proclame tout haut l'artifice du Réservoir. Impossible de se parler sous le grondement sourd des turbines. Ce monument d'industrie confine au silence. La caféine de Julie a opéré son alchimie en nous. Nous réussissons notre image de conquérants. Patrick, manche à air en main comme un drapeau, parade sur les fortifications de Kinzua, la nature à ses pieds. *Oh Agnes, will you ever be back?* Un grand vent s'est levé, que nous avons nommé le Temps. Puis nous lui avons donné le nom d'une femme. Je me souviens. Je me souviens.

Sur le chemin du retour, nous n'avons pour tout accompagnement que nos lecteurs MP3 ou notre *cassette deck*. Retour *à la route*. Nous écoutons Tom Waits conter un texte de Charles Bukowski, où un jeune homme descend du Greyhound des fuites et entre dans un café au milieu de nulle part. On imagine le chrome, la cuirette, l'écoutille de bunker de la cuisine, les cliquetis de faïence, le ronron du percolateur et la fumée des fours. Deux œufs tournés et le petit théâtre d'un quotidien heureux, quotidien graisseux. Dans l'arrière-cuisine, le *fry cook* rit de bon cœur. La waitress, à qui on peut donner le visage, la silhouette, la chevelure que l'on veut, est bonne à marier. *Café Wellness, I know you're out there.* Le jeune homme pourrait s'arrêter là. Mais il reprend le chemin, pose rêveusement la tête sur la vitre de l'autobus, comme on s'endort après le travail sur l'épaule réparatrice. Dehors, la neige, qui adoucit tout, recommence à tomber en gros flocons doucereux. En sourdine, le passé s'estompe. Charles a des douceurs qu'au premier abord on ne lui devinait pas.

La pièce de Bukowski racontée par Tom Waits s'intitule *On the Road*. David Kung Fu Carradine, qui a la réputation d'être un homme de peu de mots, nous lit l'autre *On the Road*. À son premier départ, quittant l'appartement de maman vers les lointains, Jack fait demi-tour après s'être égaré sur la route 6, dont l'intersection approche. *Rewind, Memory Babe*. Nous sommes parvenus à un des carrefours du temps. Je te promets que je me souviendrai. Toute correspondance est un signe, mais de quoi ? *The Seneca know*. Il s'agit de choisir. Toujours de choisir. Nos excuses n'appartiennent qu'à ceux à qui on les adresse. Agnes ignore d'où elle vient. *As long as the grass will grow,* le temps n'appartient qu'à lui-même.

WELLS HOTEL, BADNESS BAR

Le chef-lieu de la Pennsylvanie est Philadelphie, ville de l'amitié. Le caractère des citoyens de l'état présente de nombreuses variations. Le boulevard central de Wells est bordé de façades briquetées. Les oriflammes, suspendues aux réverbères, annoncent *Dickens Day*.

Au début de la fresque Jamesienne de Martin Scorsese, *The Age of Innocence* (1993), une foule en chapeaux melon s'enfonce entre des façades qui me rappellent celles-ci, en chemin vers le travail d'il y a un siècle. Même les ouvriers portent le complet noir. Plus tard le même jour, ils émergeront en salopettes couvertes de la suie des sombres moulins sataniques. Un chapeau est emporté par le vent. Un homme se détache de la foule, accourt pour le rattraper. Nous entrons avec lui dans la suite de l'histoire.

La scène qui nous accueille à Wells n'a plus la cohérence de cette image. Un siècle s'est écoulé. Le réalisateur a quitté le plateau. Chacun est entièrement responsable de sa propre vie. Sur la principale, dames et messieurs en froufrou redingotes drapés pseudovictoriens se mêlent aux quarantenaires en coupe-vent de lycra, aux adolescents capuchonnés. Un soir de novembre, sur la route où l'Amérique ressasse son héritage imaginaire, une parade bigarrée passe. Trop de couleurs pour un seul plan.

Philadelphie a été une des premières capitales du pays. La cloche de la liberté est fêlée. Un jour l'an, sonner ladite cloche, se souvenir d'où l'on vient, et qu'il n'y a aucun moyen, vraiment, d'y retourner.

Nous garons notre pick-up bleu, *vintage 1987*, devant le

Wells Hotel
and Smoke Bar

Secrètement acheté par quelque société, lointaine héritière d'un autre capitaine d'industrie qui a perdu son nom au profit d'une raison sociale.

Malgré les atours de la fête, il faut se rappeler que ce n'est plus le passé, par ici. *Do you have reservations? It's Dickens days, and all our rooms are taken.* La préposée en robe et bonnet nous tend les photos plastifiées des chambres. Elles révèlent le mobilier d'époque, les tapis tressés, les baignoires sur pattes, comme des bêtes sauvages, captives de ces chambres depuis un siècle. Nos récits gardent le passé en captivité. Le Wells Hotel and Smoke Bar est, il va sans dire, le séjour parfait pour ce jour du souvenir. D'autres y ont pensé avant nous. Nous jetons un coup d'œil dans le fumoir bondé, où tous les fauteuils sont pris par une foule multigénérationnelle, dans des *leisure suits* assortis à leur âge. Des adolescents en jeans et t-shirts partagent de gros cigares avec leurs papas en chemises à carreaux. Tout ce qui figure au menu semble trop cher. *For a good time*, mieux vaut être indépendant de fortune, ou l'enfant de quelqu'un. Je ne sais pas si monsieur Dickens aurait approuvé le prix à payer pour ce beau jour.

Prendre l'apéro, élire un endroit où dormir, reprendre la route et *voir*. Ou s'astreindre à la logique immédiate des lieux. Tels sont les choix de nos demi-jours, quand le poids de nos fatigues se conjugue à celui du crépuscule. Le travail tient à cœur aux agents transfrontières. Il ne leur suffit pas de fumer un cigare pour que leur présent lourd parte en fumée. En vérité, et ce, malgré les bonnes intentions de tous ces gens costumés, seul le Wells conserve vraiment la mémoire du passé proche, qui est cher à leurs imaginations voyageuses. Ce soir encore, ils ne pourront pas le surprendre dans une des chambres où il s'est terré — il s'est échappé par la fenêtre, dans une bouffée de cigare, a rejoint le ciel indifférent, juste avant leur arrivée.

De l'autre côté de la principale, où s'alignent des pubs irlandais, des restaurants de famille, négations de néon des façades briquetées, nous décidons d'entrer dans un bar qui doit avoir à peu près l'âge de la Blue Rider. Tous les regards se tournent vers nous. Nous ne portons pas le bon costume ? Bien que cela soit difficile à croire, ceux qui se sont réfugiés ici ont déjà été des enfants. Ils semblent indifférents au luxe de la fête. Il faut bien se permettre des pauses, l'occasionnel apéro. D'accord. D'accord. Je sais. Je sais. La fumée compacte qui emplit les airs du bar est une version portable des fumées d'industrie, où les buveurs gaspillent leur journée à cœur de jour, respirant à pleins poumons les exhalaisons hostiles du consumérisme. Nous nous installons discrètement dans un coin, à une petite table ronde. *What do you have on tap?* La journée de travail est finie. La journée de fatigue peut commencer.

Les âmes assemblées ici n'ont rien à faire de l'évanescence luxueuse des fumées de cigares de l'autre côté de la rue. Ils n'oseraient pas désavouer la cruauté de leur destin. Nul ne saurait leur reprendre la misère qu'ils ont, qu'ils ont. Leur destin n'appartient qu'à eux, *and you better know it*. La waitress nous accueille sans chaleur. Le sous-texte, malgré la fumée, est limpide. Ils ne doivent pas aimer les Allemands.

— *All we have is Budweiser.*

C'est pourtant une bière germanique, madame. Pichets et cendriers de plastique. Table en préfini. Tabourets de métal et cuirette. Un match de football dans les écrans surplombant le bar. Vidéopoker à l'orée du corridor des toilettes. Rien, mais rien du tout qui porte à rire. Boire et fumer, c'est du sérieux, et les étrangers que nous sommes n'en savent rien, mais vraiment rien.

La journée qui a commencé au Café Wellness se poursuit au *Badness Bar*. L'état ami nous apprend que l'hostilité fatigue presque autant que le travail. Prendre la vie au jour le jour. Mesurer la distance parcourue. Bien regarder à travers le rideau de fumée. Je porte un visage humain. Soyez cléments. Nous sommes des amis de Big Bird. Et nous aussi connaissons toutes les chansons qui coupent à travers l'air enfumé. *Oh no, no siree, I wouldn't live here if you paid me to. Sorry we have to leave.* Les agents transfrontières ne toucheront leur juste salaire qu'en reprenant la route. *I hope you'll understand.*

Motel de bois
(Over my Dead Budget)

Les jours de fatigue, on ne peut carburer à l'apéro guère plus d'une heure ou deux. Vient un moment où il est nécessaire de mettre un frein au défilement des petites villes, d'accepter d'être où l'on est, de rejoindre le sommeil, qui interminablement nous devance.

Vous ai-je confié que, tout au long de ce voyage, je ne conduisais pas ? Il ne s'agit pas d'une question d'inaptitude technique ou d'une tare à ma masculinité, plutôt d'une décision d'ordre esthétique. Nous avons déterminé qu'il revenait de droit à Patrick, au nom de sa performance artistique actuelle, de tenir le volant. À celui qui a déterminé les conditions initiales du projet d'en assumer la mesure. C'est donc lui, le plus souvent, qui doit décréter l'état extrême, déterminer le moment de l'arrêt, la limite de notre effort véhiculaire. Façon pratique d'exercer mon métier. J'aurais bien moins de choses à vous raconter si je n'avais pas pu passer autant de temps à laisser ma pensée flotter autour des fenêtres de la voiture.

Cela dit, le moment de l'arrêt ne dépend pas entièrement de nous. Comme toutes choses en Amérique, dit-on, nous sommes soumis aux fluctuations des marchés. La société des loisirs nous a bloqué l'accès aux chambres du Wells Hotel. Quelques villes plus loin, nous retournons à la chasse aux VACANCY.

Le patron du Motel de bois guette, par la fenêtre de la guérite, notre arpentage des axes du plan quadrangulaire dans notre véhicule fantaisiste. De toute évidence, nos efforts tirent à leur fin, mais nous redoutons, en ce crépuscule de novembre, le fumet des désinfectants, le sortilège persistant des chambres sanitaires. La lassitude engendre l'erreur. Nous passons sans souci sous l'arche à l'entrée du parking du Motel de bois. La Blue Rider passe à un doigt d'en perdre sa crête ailée. Nous aurions pu mieux travailler notre invisibilité.

Le patron est un minuscule homme d'affaires asiatique.

— *Why do you go around three times? You should have stopped here. I have one smoking, one non-smoking room. Ninety five dollars. Smoking? Non-smoking?*

La distinction me semble caduque. Même la guérite sent la cigarette. Je me tiens en retrait, laissant à Patrick le soin de vérifier la densité des cendres. Quand il revient, il n'a qu'une phrase en bouche : *It's over my budget*. Le tenancier n'est pas impressionné par la tournure des négociations. Malgré les apparences, c'est un homme de peu de mots, d'une grande détermination.

— *No budget. No no budget.*

Il livre sa double négation avec une rare détermination. *I-ya! Karate chop!* David Kung Fu Carradine où es-tu?

Le tintement de clochette à la porte d'entrée distrait Patrick de sa rage relative. Le jeune homme à la mâchoire carrée et au regard bleu perçant qui fait son entrée, complètement couvert de la suie des nappes phréatiques, adresse un salut cordial à l'hôtelier. Il ne fait pas attention à nous alors que nous nous détournons de l'hôtelier intransigeant pour traîner notre fatigue ailleurs. Il faut encore trouver le lieu de notre sommeil. Redémarrant, Patrick a un mot dur et drôle pour les hommes du Môtel de bois. *Over my dead budget!*

À la sortie de la ville, nous croyons croiser une homologue de la maison Horton, une autre manse transformée en *bed & breakfast*. *Sorry, no vacancies*. Le propriétaire, affable, nous explique, appuyé sur le cadre de sa porte, que depuis qu'on a redécouvert le pétrole de Pennsylvanie, les *grease monkeys* à cent dollars l'heure occupent tous les lits de la région, de South Bend jusqu'ici. Il nous dit que le Giletti, un peu plus loin le long de la route, a l'avantage du nombre, qu'il ressemble, un tant soit peu, à ce temps passé dont nous pistons la trace. Nous voudrions chaque soir retrouver ces hôtels cachés, perdus, effacés par les hôtels répétitifs des grandes chaînes, qui attendent nos sommeils depuis des lustres.

Nous devrions nous couvrir d'huile à moteur, baigner dans les fumées de l'engin, pour prouver que les agents transfrontières triment aussi dur que les aventuriers de l'or noir, plongeant dans les flaques du temps.

LES FOLIES GILETTI

L'hôtel Giletti, à Williamsport — où est l'eau? port de quoi? — est un de ces hôtels revampés, qui conserve son nom d'indépendant, malgré sa raison sociale secrète. Des conférenciers de passage se rencontrent à la lueur des néons pour parler d'affaires qu'ils ne contrôlent pas vraiment, partager les joies du buffet *all you can eat*, et se retirer dans des chambres rénovées, parfois pour tromper leurs époux sous la lueur cruelle des néons. D'ailleurs, ce soir, c'est la fête au rez-de-chaussée. Des dames peu habituées à leurs robes de soirée tournent autour du comptoir de la réception. Une grande mademoiselle en rose nous accueille en synchronie avec le préposé. Comme nous, ces gens ne font que leur travail. *Giletti Hotel and Deluxe Prostitution Emporium.*

Ce n'est pas le moment de s'attarder à la fête. Nous traînons nos fatigues et nos valises au neuvième. En rejoignant ma chambre, je croise un couple, lui, homme d'affaires d'un certain âge, baraqué comme un des grimpeurs de *rig* pétrolier, et elle, souriante, un peu enveloppée, la belle trentaine. Je sens que le sommeil sera difficile. Au milieu de la nuit, j'ouvre les yeux sur leur triste conversation.

Lui : *You're going to get naked and I'm going to watch you.*

Je redoute le mouvement des meubles contre les murs trop minces.

Lui : *You're not going home! I paid for dinner!*

Je ne sais pas si Lui est vraiment allé aussi loin dans l'impropriété, ou si je profite du filtre des murs pour décupler le drame. Elle ne semble rien dire. Je me demande si elle est déjà nue. *Chers deux, il n'y a pas que l'argent dans la vie ni le pouvoir, il y a aussi l'amour, pourquoi pas la simple amitié.* Enfin, il y a le sommeil des autres. J'ai envie de cogner à leur porte, dans ma robe de chambre d'aspirant au repos, pour dire au monsieur que celui qui porte le costume du gentleman devrait en assumer les responsabilités, et à la dame qu'elle ne devrait pas, quel que soit le métier qu'elle exerce. Lui aussi mérite mieux, mais peut-être me diront-ils, ensemble, que ce n'est pas l'heure pour leur faire la morale, que je suis seul à m'empêcher de dormir. Dormez sur vos deux oreilles, laissez vos soucis se fondre à l'oreiller, filtrez de plancher en plancher, jusqu'au fond de tout. Les *grease monkeys* dorment bien. Ils plongent au fond de la matière du monde, en reviennent maculés d'huile, le regard brillant, l'argent, la pépite immaculée d'une idée fixe en tête. Au matin, le silence de la chambre d'à côté est parfait. La scène est vide. À d'autres de rejouer nos misères collectives.

8

Samedi 4 décembre

SUD

Williamsport à Harrisburg

EN PURE PERTE
(ROAD OF LOSS)

Un samedi en pure perte, à tracer le long de l'auto-route indifférente, afin de rejoindre à temps l'aéroport. Demain, Patrick continuera à conduire. Demain matin, je rejoindrai la vie d'avant la vie d'après. Dominiq de son nom maternel, Dauphin Vincent de son nom de plume, atterrit pour prendre mon relais, entamer sa fatigue.

Philadelphie, ville filiale, était trop lointaine. Nous rejoindrons plutôt Harrisburg. Dominiq est un vieil ami que je vois rarement. Il connaît Patrick depuis les chambres et les sous-sols de l'adolescence, dans leurs Cantons de l'Est natals. Quand il n'est pas Dauphin, il occupe un emploi à temps plein dans un hôpital pour enfants, vit à l'extrême nord de la ville, à la marge extrême du système des transports en commun montréalais. Jadis, nous participions ensemble à un collectif de poésie, *C'est selon,*, où nous nous sommes inventés comme auteurs. Je ne peux que m'émerveiller du temps qui a passé, et de retrouver Dominiq au hasard des vents.

De tels rendez-vous devraient bien sûr nous forcer à tromper notre protocole esthétique expérimental. Pourtant, le vent, comme le veut l'expression, a tourné en notre faveur. À force de lui faire confiance, nous commençons peut-être à en contrôler le flux ? Il a tourné ce matin en direction de l'aéroport. Qui plus est, je m'étonne de découvrir, en consultant la carte, que nous nous dirigeons droit vers Dauphin County. Difficile, dans de telles conditions, de s'empêcher d'interpréter le sens du monde.

Il se raconte sans nous, Daniel. Nous repérons sur la carte les parallélépipèdes et les taches vertes qui indiquent les parcs nationaux et les zones forestières, mais le long ruban dépareillé d'asphalte grisonnant de l'autoroute, qui ne compte plus que sur la fortune noire du pétrole pour se refaire une beauté, zigzague à l'écart des beautés naturelles. Je songe à mon départ imminent, au retour de Dauphin, mon ami du passé proche. Et je me dis que la lassitude encourage à la simplification.

Il n'y a rien d'autre à faire que de laisser filer ma pensée par les fenêtres de cette voiture. Si les capitaines d'industrie ont épargné certaines forêts avant que l'État n'en perde son nom, est-ce simplement parce qu'il y avait de l'argent à gagner ailleurs, ou parce que des politiciens et des citoyens qui avaient à cœur la suite du monde tenaient encore à ce que les choses portent leurs noms véritables ?

Malgré l'évidence internationale et historique de Philadelphie, Harrisburg, Dauphin County, est la capitale de la Pennsylvanie. Les noms se tiennent à distance respectable des objets qu'ils désignent. Ils révèlent sur eux, et sur nous, des choses que l'on ignore. *Dauphin, here we come.* L'écrivain, quand il écrit, n'est jamais seulement lui-même. Les mots ont leur vérité propre. Qu'il accompagne. Si le vent le veut, nous reviendrons aux forêts. Si le vent le veut, nous ne demeurerons que nous-mêmes.

LA COMTÉ DU DAUPHIN

Je ne me souviens guère de la route. Les aéroports se confondent en mémoire. Avant de débourser les dollars de l'attente, d'investir dans le maintien des pistes d'atterrissage, l'hygiène des terminaux en payant notre droit d'entrée au stationnement étagé, nous descendons du camion pour évaluer la hauteur de l'arche d'entrée. Nous conjuguons nos regards. D'accord. D'accord. Telle sera l'aventure : prendre le risque de quelques centimètres, de tracer un sillon au plafond de la rampe avec la flèche de métal de la Blue Rider. *Ventury was here.* Mais rien n'advient, en ce samedi tranquille. Qu'une place au quatrième niveau, entre les voitures rares. *Further adventures in American parking.* L'architecte de l'aéroport a dû signer le design de quelques centres commerciaux. Le terminal est un rectangle bas de béton et de tôle, bavant de néon. Nous avons tardé. Dominiq nous attend, souriant seul au milieu du termi-nal, dans la lumière crue, la posture parfaite dans son blouson noir, ses cheveux de même. Je vérifie s'il porte encore à sa ceinture l'appareil à témoin lumineux qui le préserve des maux de l'électromagnétisme ambiant. Il a des allures de petit garçon en permission, pressé de jouer les héros. Il semble si heureux de prendre ses vacances dans l'art, si heureux de nous revoir à l'écart du monde. *Welcome to Dauphin County, Dauphin.*

Dominiq, depuis que je le connais, lit de la poésie et des épopées fantastiques, où des êtres imaginai-res, pourquoi pas Dauphin, traversent des mondes de la même facture. Je juge du volume, raisonnable, de son bagage, fort du poids de l'expérience qui précède. Dans les trilogies fantaisistes qu'on porte à l'écran, les aventuriers cheminent des milles et des milles avec des havresacs aussi menus que la mallette de Félix le Chat. Ce n'est pas possible, mais notre désir est tel que nous y portons foi. À ton tour, Dauphin, d'écrire ce que tu ignorais du monde inconnu.

Cet inconnu particulier ressemble aux abords des petites villes d'avant, quand le monde entier n'était encore qu'une projection, devant toi, sur l'écran de la télévision ou de la page, ou en toi, quand tu rame-nais ces aventures à ce qui allait suivre. L'autoroute serpente à travers le secteur industriel, en surplomb de la ville, dont on ne devine pas encore le caractère véritable. Harrisburg, dominée par le dôme néoclassique de son parlement, avec ses cottages de brique, les réverbères de son avenue piétonne, ses pubs et ses *eateries* à la maçonnerie élisabéthaine, rappelle une petite ville d'Angleterre. Cette capitale au cœur anglophile est après tout une héritière des premiers pouvoirs coloniaux.

Nous voudrions épater Dominiq par notre maîtrise de la situation, l'efficacité de nos décisions. Il ne connaît pas encore la routine des routes. Trouver où manger. Où se loger. S'attendre à ce que le temps nous guide. Nous traversons le centre-ville d'Harrisburg pour tenter de trouver un hôtel. Le YMCA, haut immeuble de brique, ressemble à ces vieux hôtels dont nous avons pisté la trace partout le long de la Route des vents. Je descends en éclaireur. À l'intérieur, un groupe dépareillé de chambreurs, certains en peignoirs, s'occupent à ne rien faire, dispersés sur les bancs de bois disposés sur le plancher de grès du vaste lobby. Derrière la guérite grillagée — on dirait le guichet d'une banque — la préposée, une demoiselle de couleur dans la trentaine, qui mâche sa gomme avec une délibération soutenue, m'informe, en pointant le chœur des logeurs et en riant, que le Y n'accueille que les longs séjours. Elle me suggère d'aller voir un plus loin le long de la Susquehanna, vers le Holiday Inn, qui tourne le dos à la ville, et forme un *L* au pied du pont, devant la rivière, qui s'écoule brillante et pure dans le froid de décembre.

Nous remontons encore le cours du temps. Le motel semble une relique de nos années d'enfance. Nous aurions pu le retrouver juste en dehors des banlieues où nous avons grandi. Les voitures se font rares dans le parking. Le préposé à l'accueil a l'âge de Dominiq et Patrick quand ils se sont connus. Lui est né à l'âge des machines, après qu'on a cessé de croire au futurisme probable de la série originale de *Star Trek* ou au millénarisme technophobique des films B de science-fiction. Il en maîtrise le protocole avec un naturel désarmant. Nous le fixons en télépathes fatigués. Il vérifie la disponibilité des chambres sur sa tablette numérique. *Let my machine talk to me* (REM, 1988).

Je ne crois pas que ce soit la direction qui lui ait fourni cet outil de travail avant-gardiste. Je jette un regard inquiet aux alentours. Le motel de mon départ, sauf pour ce qui est de son *L* panoramique, ne paie guère de mine. J'aimerais que ses riches propriétaires portent autant d'attention à la couleur des moquettes et des draps, à la qualité des tableaux accrochés à la tête de lit, ou au parfum des chimies sanitaires, qu'aux systèmes de gestion des étrangers. Certes, ce jeune homme a de l'entregent, et assez d'aptitude à parler à sa machine pour nous donner une enfilade de chambres voisines.

Patrick décide de se charger de la lessive commune. Regarder tourner les machines à chargement frontal, en pensant à ce que cela veut dire de ne rien faire. Dominiq et moi nous proposons d'aller marcher en ville, jouer au maître et à l'apprenti, et commencer à se raconter ce rôle qui était le mien, qui, dès demain, lui reviendra. Je le rejoins dans sa chambre, où il passe le temps en écoutant ses nouveaux téléchargements. Tu as entendu le nouveau Sufjan Stevens ? *Don't carry on carrying efforts, no no, oh oh oh oh / Somewhere there's a room for each of us to grow / And if it pleases you to leave me, just go, oh oh oh oh / Stopping you would stifle your enchanting ghost.* La conversation dérive vers ces années passées à animer une revue de poésie, quand nous croyions savoir tout ce que notre temps ignorait. Quand d'un jugement nous condamnions des pratiques entières. Quand surtout, nous apprenions, ensemble, ce que nous voulions écrire, comment nous allions y arriver. La conversation tourne autour de *C'est selon,*, et de cette arrogance, cette faconde, et puissance, que nous avions à croire que tous les autres ne savaient pas, que nous, nous savions ce qu'était la littérature, ou au moins dans quel sens la chercher. Avions-nous tort ou raison ? Nous ne cherchions peut-être qu'à nommer, à valider, l'action que nous posions.

Malgré le contexte, c'est une longue conversation, dont le cours s'étire jusqu'aux banlieues qui nous ont vu grandir, dans cette pièce à Notre-Dame-de-Grâce, où nous nous étions d'abord rencontrés, quatre à tenter de donner naissance à un magazine affabulateur qui ressemblerait à leur rêve d'écrire, et qui ne verrait jamais le jour. Deux ans plus tard, il y en aurait un autre, de poésie cette fois.

We are growing older together. L'après-midi demeure. Vent d'est. Vent d'est. Huit ans encore, et les amitiés scellées alors se retrouveraient à penser au passé, à questionner le plafond, à échanger de nouvelles musiques dans un Holiday Inn de Harrisburg, dont aucun d'entre eux ne soupçonnait alors l'existence, et qui n'a rien, mais rien du tout à voir avec le rêve futur de leur passé proche. Depuis, peut-être, oui, nous aurions appris l'humilité, appris à l'écrire comme on peut.

Nous partons marcher dans la ville inconnue. Dominiq, frais et dispos, s'émerveille du simple fait d'être ici, interrompt la conversation pour porter l'appareil photo à son œil. Dans la chambre, déjà il évoquait une distance émotive, psychologique, un pas de côté, pour mieux revenir à soi. *A United States of Wonder.* Maintenant, dans les rues d'Harrisburg, je redécouvre avec lui la grâce des détails. Après tout, il est en vacances. Il faut bien en profiter. On a besoin de se rapprocher des choses, pour retrouver ce qui nous a menés jusqu'à elle. Dans une heure, tu interrompras notre conversation et tu t'arrêteras, devant la plaque vissée au pied de la cour municipale :

DAUPHIN
COUNTY

Tu me demanderas de te photographier à côté de ton nom d'emprunt gravé dans le métal des monuments, fixé à la pierre.

C'est la journée de la passation des pouvoirs. Même si j'ai hâte de retrouver mon foyer, mon absence prochaine me conduit à entretenir des pensées mélancoliques. J'ai passé tant de temps à considérer ce qui n'était pas là par la fenêtre de la voiture. À Morelia, au Musée d'histoire naturelle Alfredo Zalce, la Monarcamobile, notre camion papillon repose, les roues coulées dans le socle de béton des statues, quelques-uns de mes mots vissés à sa carlingue sur une plaque identique à celle de Dauphin. Gloire de pacotille. Où s'en va la Blue Rider, et nous avec elle ? Quand nous serons morts, ou invisibles, l'écriture pourrait encore signifier notre présence au monde. Souris, souris.

Et sois certain que ce que nous écrivons célèbre une gloire qui ne nous appartient pas, ne nous a jamais appartenu. Il n'y a pas de temps mort, qu'une idée de lui. Ce n'est qu'une idée fixe. Et les idées fixes sont des idées de rechange.

LES ÉTATS-UNIS DU VENT

Samedi soir à Harrisburg. Patrick a terminé notre lessive, enfilé sa meilleure chemise. Nous ferons de même. Pour le banquet d'adieux, nous choisissons un *bierhalle* à l'allemande. *Last day on the cheeseburger trail.* Dominiq se croit ailleurs. Il ne sait pas ce qui l'attend quand la cuisine américaine dévie du droit chemin. Il choisit un roulé végétarien. Je revois Alexis, plus pragmatique, au premier jour du voyage, désosser sa viande, son T-bone fantasmé. *Fish, fowl, or four-footed beast, the American* assiette *plate, with its lone vegetable, its huge main, encourages the contemplation of meat.* Je lui raconte l'atterrissage à Cincinnati, les viandes et les dessins d'Alexis, les trains perdus d'Amérique, notre course à travers les blés, d'Indianapolis à Chicago, en banlieue de nos banlieues, où Frank Lloyd, où Ernest, la piste du cheeseburger qui serpente sous les ponts de la ville des vents, les ruines de Gary, la chanson perdue de Michael et celles de Bruce, l'amour des ruines et de la *junk*, le corridor venteux des Grands Lacs, jusqu'à Cleveland Rock City, la Rivière enflammée, le bord du lac et des tempêtes, la nuit continue et punitive, la précision froide du ciel, les Amish dans l'œil du temps, la fortune des assurés, les maisons hantées d'Amérique, la plus grande guitare *jouable* du monde, sans personne pour la jouer, l'or noir du temps, ceux qui le cherchent encore dans l'obscurité du sous-sol, remontent sur terre le corps musclé et maculé de leur incontrôlable désir, le nom des villes et des marques, les fumées d'industrie et les poumons du mépris, la légende des bombes et des recommencements, la blondeur salvatrice des jeunes femmes américaines, l'obésité comme enracinement, la grâce compensatoire de la gentillesse... Tu ne sais pas, nul d'entre nous ne saura jamais ce qui l'attend. C'est tout, c'est rien, je ne sais pas, je te raconte *Les États-Unis du vent*.

Dans un instant, Dominiq renversera sa bière sur moi. Parce que demain est demain, que l'aéroport est tout près, la soirée finira dans un bar bondé, dans les fumées d'un dernier bourbon à une heure du matin, la promesse des maux de tête, du lendemain déjà. Malgré toutes les fatigues, l'amitié existe, et une autre chose est certaine : je devrai reprendre ma lessive à Montréal.

9

DIMANCHE 5 DÉCEMBRE

ENVOL

HARRISBURG, PHILADELPHIE,
MONTRÉAL

MON AMIE ROXY

Aujourd'hui, le vent repose. Peu importe d'où il souffle.
S'il le faut, l'avion du départ en défiera l'évidence. Mon
envol est prévu pour la fin de l'après-midi. Nous avons
le temps de dormir tard, de petit-déjeuner ensemble,
de marcher, un dernier moment, dans la ville. Har-
risburg est en son cœur une bourgade aux accents de
Nouvelle-Angleterre, et l'Angleterre, dit-on, est un pays
d'excentriques. Le préposé digitalien, qui cultive la sub-
version systémique, nous apprend qu'une considérable
communauté gay s'est installée autour du Parlement
de l'État. Roxy's, à distance de marche du Holiday Inn,
est le meilleur endroit pour déjeuner dans ces parages.

   Au seuil de Roxy's, un patriarche à couette grise,
dans un costume de camouflage, grille une cigarette.
Il suit notre arrivée d'un regard intense, qui me porte
à formuler certaines conclusions hâtives. Je l'imagine
arrivant ici en *pick-up*, guettant l'apparition d'un *grease
monkey* dans son rétroviseur. Un homme nu, couvert,
qui émerge de ses arrière-pensées comme d'une mer
souterraine. Les chasseurs vont et viennent entre les
forêts de Sylvanie et la ville. *A cup o' joe, two eggs over
easy and some slices of bacon.* Ils regardent les citoyens
de haut, avec la mine des durs à cuire, puis vroum. *Grab
some bacon n' beans, start the engine, and off you go back*

into the wilds, where your solitude belongs. Dany boy, don't you know every gay man isn't a mama's boy? WEL-COME HUNTERS, affirment les devantures des bineries d'Amérique. *Oh Great and Diverse Nation, Land of the Free, Home of the Brave*, est-ce que les institutions de ta Pennsylvanie tolèrent le mariage gay ? L'union d'un chasseur et d'un ours de huit cents livres, friand de beignets ? La Pennsylvanie est un état forestier. Philadelphie est la ville de l'amour filial. Un état ancien, où on a foré les premiers gisements de pétrole du pays. Les étendues sauvages qui nous ont précédés ici recèlent des secrets qui n'appartiennent qu'à elles.

Nous ne sommes pas les seuls à cuver notre bourbon sous ces latitudes. Le restaurant est bondé. Toutes les tables sont trop petites, de manière à encourager les liens d'amitié spontanés. Le serveur de chez Roxy's me fait penser, avec son *crewcut* immaculé, trop noir pour son âge, qui semble pourtant vrai, et son unique boucle d'oreille, à un ami de Calgary, ville rodéo, d'ailleurs éduqué en Angleterre, qui s'est déclaré gay à la mi-trentaine. *Don't mistake business for friendship.* La courtoisie des serveurs américains est soumise à la règle de l'efficacité — politesse teintée de familiarité, transaction dirigée, résultats comptables.

Sentir que nous sommes entre amis, entre amis. Conserver, malgré tout, une distance respectable.

Protéger ses acquis. Se trouver un coin à soi. Le rêve américain prolifère dans les angles. Tout de même, ces œufs rôties bacon sont excellents.

LA VIE DANS LES LIVRES

Walden; or, Life in the Woods. Pennsylvanie, Forêts de Penn. Harrisburg, WILDERNESS OF BOOKS. C'est le nom d'un ancien théâtre devenu une énorme librairie d'occasion, doublée, bien sûr, d'un café. Je passerai mon dernier après-midi en la Comté de Dauphin, cette terre du Milieu, avec mon successeur à fouiller les millions de livres de la librairie-café labyrinthique. Nous partons chacun de notre côté, nous saluant, au hasard des allées, chacun en son silence, perdus dans nos pensées propres, notre façon à tous deux d'écrire sans écrire.

Je ne veux pas alourdir mes bagages, mais quand même. Je retrouve, parmi les rayonnages, certains des livres de ma bibliothèque, dont j'ignorais la valeur marchande. Il y a là une monographie sur le designer Tibor Kalman, *Perverse Optimist,* à cent soixante-neuf dollars. Tibor porte les lunettes de ma myopie. Un jeune papa, que je ne suis pas, que j'aurais pu être, me ramène à moi, en demandant à son fils : *Did you find the book you want?* Se détacher du passé est difficile. Je me souviens des dimanches heureux où mes parents m'amenaient au Palais du livre, ses étages ployant sous le papier perdu, dans ce Vieux-Montréal que personne ne semblait habiter.

En sortant, la caissière, pleine de la grâce d'une vie espérée, complimente mon foulard — *my favourite kind of plaid* — et me demande, encore, d'où je viens. Ne te méprends pas sur moi, ma chère. J'y retourne, humblement j'y retourne.

LE BLEU DU CIEL

Dernier voyage à bord de la Blue Rider. Le vent file vers l'est, si on en croit les drapeaux qui battent au pied du Capitole, sur North Street. Ce sera, demain, pour Patrick et Dominiq, *the streets of Philadelphia maybe*. Pour moi, l'aéroport en suspens, le corridor des airs, l'hiver retrouvé de Montréal. Vous ai-je confié que j'ai décidé, pour marquer le moment du retour et oublier le dégât d'hier, de remettre mon costume du départ ? Sous mon *peacoat* marine, j'arbore de nouveau cette chemise et ces pantalons bleus que je portais au moment de partir, il y a deux samedis.

Refaire le parcours en sens inverse. Défier le vent en volant. Oui, Amelia, *men love nothing they are sure of*. L'histoire de *Ventury* a débuté dans les tourbillons ; l'embouchure de Chicago, où le vent tourne et retourne, prête son identité au mensonge. Bientôt, je rejoindrai de nouveau Philadelphie par le raccourci des airs. Julie serait fière de moi : je me suis muni, avant de voler, d'un lunch végétarien, et d'un nouveau stock de valériane, achetés à l'épicerie holistique locale.

Pourquoi n'ai-je pas noté cette ultime conversation aux accents de valériane, à l'aéroport d'Harrisburg, avec le personnel d'US Airways ? Il a été brièvement question de la vie des morts. Alors qu'il s'éloigne avec mon sac, le guichetier, un guilleret et maigrelet homme noir d'une cinquantaine d'années, dans une veste bleue qui s'accorde avec la mélancolie de mon uniforme, salue son ami préposé aux bagages. Celui-là, qui est gros et rieur, *gotta do what you do*, vient de lui confier qu'il a, encore aujourd'hui, dû débarder un cadavre ensaché de la soute de l'avion. Après tout, ce pays est en guerre. L'aéroport d'Harrisburg, station valériane, respire la relaxation. *Where are you from? I am from where I'm going back to.* Mon passé ressemble peut-être à son avenir à lui : le préposé, qui se fait vieux, qui considère le temps qui approche, me confie qu'il aimerait bien prendre sa retraite au Canada. Il me demande s'il est facile pour un Américain, déjà immigré, d'y immigrer. *I really don't know.* Je pense que les problèmes réciproques du

Canada et des États-Unis sont de plus en plus ressemblants. Et je songe que les morts, qui voyagent en catimini, reposant entre nos valises, pour rentrer chez eux, sont de parfaits agents transfrontières.

Je traverse la ligne des embarquements pour rejoindre mon vol, prendre le chemin des airs. Au revoir mes amis, où que le vent vous porte. Je sais maintenant que vous n'atteindrez pas Philadelphie, dériverez plutôt jusqu'à Charleston, plus vieille des capitales du Nouveau Monde, en passant par les campings de Myrtle Beach qu'on m'a tant contés durant l'enfance, et que vous retrouverez le lieu où les frères Wright ont avant nous quitté la terre. Dans deux semaines encore, vous m'écrirez de la fin du vent, des Montagnes Bleues, colorées par votre présence.

Maintenant, maintenant, je ne sais rien de tout cela. Vous n'êtes plus là, et moi non plus. À l'arrêt à l'aéroport de Philadelphie, dernière station avant mon retour à Montréal, je m'installe dans les chaises berçantes du passé idéalisé des États-Unis et de la vieillesse heureuse. Je me demande si la Blue Rider chemine vers Philadelphie. Et je reprends ma lecture du Dr Sacks.

Des gens, atteints par la maladie du sommeil, transformés en poupées, en statues vivantes, sont absorbés par l'impossibilité des contes de fées, des films d'horreur. Leurs visages prennent des allures enfantines, affligées, infiniment figées au bord des pleurs, dans la douleur des chutes à genoux sur l'asphalte, la crispation des mauvais perdants. Ils sont perdus dans un jeu sans fin de *Simon says*. Pour qu'ils se remettent à bouger, il faut leur dire, leur indiquer exactement quoi faire, dessiner des échiquiers et des patrons sous leur pied, leur lancer et relancer la balle. Bien malgré eux, ils sont devenus des histoires, n'ont eu aucun enfant, et ont vécu malheureux jusqu'à la mort, qui, contrairement à l'amour, n'épargne personne. Un à un, ils sont devenus des histoires et n'ont plus jamais vécu.

Ne sois pas si sombre, Daniel. Ne laisse pas tes lectures te paralyser. Le monde est monde, et nous sommes en lui, si souvent sans savoir. Sois bleu. Contente-toi de l'être, et de ce qui est. Je relève la tête. Il fait nuit. Par la baie vitrée de l'aéroport, je considère de nouveau la raffinerie voisine de l'aéroport, seul aperçu de l'horizon philadelphien, enguirlandée de ses fumées, clignotante de lumières d'industrie. *Switched on and starry lit.* J'ai encore envie de parler comme un écrivain américain. Le flux de ses fumées est ambigu, semble le condensé de toutes celles que nous avons traversées en cours de route.

Dans quelle direction vire le vent, aujourd'hui? Je ne sais plus. Je ne suis plus là. J'ai perdu le moyen de savoir. Dans l'anonymat de l'aéroport de Philadelphie, difficile de reconnaître un cavalier bleu sans sa monture. Normal : elle était faite de vent. Je reviens à Montréal dans mon costume du départ, bleuté de la tête aux pieds. Je sais. Je sais. On ne cherche pas tant le vent qu'il nous trouve. Dans quelques minutes, l'avion décollera, je quitterai la terre, et je redeviendrai celui que j'étais, ou à peu près.

- Fin -

Daniel Canty remercie le Conseil des arts du Canada
pour le soutien accordé à l'écriture de ce livre en 2012.

*Ventury, une odyssée transfrontière à la poursuite
des vents d'Amérique* s'est déroulée du 21 novembre
au 15 décembre 2010.

Sans l'initiative conjuguée de Patrick Beaulieu
et des vents d'Amérique, cette aventure n'aurait
pas eu lieu.

Sans la complicité d'Alexis Pernet et de Dauphin
Vincent, elle n'aurait pas été ce qu'elle fut.

Bon vent.

LES ÉTATS-UNIS DU VENT
Un livre de Daniel Canty

Les États-Unis du vent est le quarante-sixième titre
publié par La Peuplade, fondée en 2006
par Mylène Bouchard et Simon Philippe Turcot.

Design graphique et mise en page
Atelier Mille Mille

Révision linguistique
Raymond Bock

Correction d'épreuves
Mylène Bouchard

.

Œuvre en couverture
Patrick Beaulieu

Murmuring pines
Extrait de la collection d'aéropostales
de *Ventury : une odyssée transfrontière
à la poursuite des vents d'Amérique*,
impression numérique, 2014.

Les États-Unis du Vent a été mis en page
en Lyon, caractère dessiné par Kai Bernau
en 2009 et en Din Next, caractère dessiné
par Akira Kobayashi en 2009.

Achevé d'imprimer en avril 2014
sur les presses de l'imprimerie Gauvin à Gatineau
pour les Éditions La Peuplade.

TABLE D'ORIENTATION

3

4

5

6

7

8

9